红色阅读 元帅交往实录

于俊道■主编

徐向前交往纪实

中国社会科学出版社

图书在版编目(CIP)数据

徐向前交往纪实/于俊道主编.—北京：中国社会科学出版社，2015.8
ISBN 978-7-5161-5855-5

Ⅰ.①徐… Ⅱ.①于… Ⅲ.①徐向前(1901~1990)–生平事迹 Ⅳ.①K825.2

中国版本图书馆 CIP 数据核字(2015)第 063957 号

出 版 人	赵剑英
责任编辑	王　斌
特约编辑	武美红
责任校对	郑冬松
责任印制	李寡寡

出　　版	中国社会科学出版社
社　　址	北京鼓楼西大街甲 158 号
邮　　编	100720
网　　址	http://www.csspw.cn
发 行 部	010-84083685
门 市 部	010-84029450
经　　销	新华书店及其他书店
印刷装订	北京市昌平新兴胶印厂
版　　次	2015 年 8 月第 1 版
印　　次	2015 年 9 月第 1 次印刷
开　　本	710×1000　1/16
印　　张	10.5
字　　数	187 千字
定　　价	35.00 元

凡购买中国社会科学出版社图书，如有质量问题请与本社联系调换
电话：010-84083683
版权所有　侵权必究

目录 CONTENTS

情长义深——徐向前和毛泽东 ……………… 张 麟 1

风风雨雨伴人生——徐向前和周恩来 ……………… 李而炳 18

"你是政治部主任,打仗需要你……"——徐向前和胡耀邦 ……………… 乔希章 29

志同道合 生死相依——徐向前和李先念 ……………… 李而炳 32

军事家在长征途中的奇遇——徐向前和彭德怀 ……………… 卞小奇 38

"你还是加紧养好身体"——徐向前和刘伯承 ……………… 乔希章 42

"射虎屠龙宿有志"——徐向前和叶剑英 ……………… 张 麒 范 硕 45

"我们跟着总指挥,可以放开双腿跑了"——徐向前和徐海东 ……………… 章 颜 51

为部属当"月老"——徐向前和王树声 ……………… 李而炳 54

"相信你,等着你们的胜利消息"——徐向前和许世友 ……………… 李而炳 57

战争结友情 ……………… 程子华 59

一同作战 智勇非凡 ……………… 郭述申 63

将士之帅　将士之师	詹才芳	68
我给徐副军长当传令兵	徐深吉	73
"若不是徐总指挥的保护说不准我这脑袋早掉了"——徐向前和周希汉	卞小奇	76
徐师长批准我当红军	游正刚	78
"要努力学习啊"	王进轩	83
随徐总北上的日子里	孙继争	85
"我也舍不得你离开"	余家江	92
"他们是革命的功臣"——徐向前和"临汾旅"	吴东峰	94
他很像个大知识分子	师　哲	99
严与爱	杨　弘	101
"这是对你的信任"	门国梁	108
在徐帅身边的日子里——徐向前和身边工作人员	任　宗	112
"发扬雷锋精神,促进民兵建设"——徐向前和《中国民兵》编辑部	钟国明斌	117
一武一文　鼎力相助——徐向前和徐士瑚	任复兴	118
"我们是同志式的谈心"	纪希晨	120

| 珍贵的纪念品 ··· 张定邦 | 123 |

| 给徐帅拜年——徐向前和陈超、谭冬生 ··· 余楚中 | 124 |

| "欢迎家乡的人常来" ··· 赵培成 | 126 |

| "再也不能听他的了"——徐向前和张国焘 ··· 徐深吉 | 128 |

| "亲不亲同乡人"——徐向前与阎锡山 ··· 乔希章 | 136 |

| "话不多,知识多,才学好"——徐向前和于学忠 ··· 卞小奇 | 139 |

| "红军是剿不尽的"——徐向前和岳维峻 ··· 卞小奇 | 143 |

| 夫妻、战友——徐向前和黄杰 ··· 张 麟 | 147 |

| "不以善小而不为,不以恶小而为之"——徐向前和家人 ··· 郭春福 | 152 |

| "我是来工作的,不是来看戏的"——徐向前和柯道夫 ··· 李俊苏 | 157 |

| 编后记 ··· | 161 |

情长义深
——徐向前和毛泽东

徐向前是一位不善交际的人,他和毛泽东虽然在大革命失败中就结下了缘源,可是直到长征路上才相识。他们之间,没有多少动听的故事,有的却是革命征程中留下的一番番情和义。

一、找毛泽东

1925年,黑暗沉沉的中国南方,响起了革命的号角。年方23岁的徐向前,怀着一种希望,从山西五台山下出走,经上海到广州,投考了黄埔军校。开始,他虽是普通一兵,却很快就知道了两个共产党人,一个是萧楚女,正在黄埔军校任政治教官;一个是毛泽东,国民党宣传部长,《政治周报》主编。徐向前和同学们开始对萧楚女印象深,原因是他既是政治教官,又有一个特别令年轻人好奇的名字。后来,读书看报,谈论革命,对毛泽东的印象也越来越深。

1926年春天,徐向前听人说,农民运动讲习所有来自山西的学生,他想会会老乡,便跑到那里去找。老乡没找到,却听说大名鼎鼎的毛泽东在那里讲课。当然,他不认识,不会去见他。没想到,一年以后,他竟会到处去寻找毛泽东呢。

事情的经过是这样的:

黄埔军校第一期,原定学期二年。因为战争和革命形势的发展,提前一年多结业了。徐向前成绩优秀,被留在黄埔军校第二期,当了排长。东征作战后,被分配去河南国民第二军,先任教官,继而任参谋和第二团团副。1926年5月,国民二军北上参加军阀混战,在河北失败了。徐向前在山西老家躲避了几天，又经北平奔到武昌。这时，北伐革命军攻占武昌后，黄埔军校从广东分到武昌来了。恰在这年，毛泽东又在武昌办起了农民运动讲习所，徐向前在武昌军事政治干部学校出任了第一队队长。

在武昌，徐向前已经不是一年多以前的幼稚青年。经过黄埔第一期学习，东征作战，国民二军失败，曲折的经历，使他开始思考一个问题：谁能救中国？谁是真正的革命派？在广东黄埔军校，他集体加入了国民党，看到不少人既是共产党员，又是国民党员，他不肯做"跨党分子"，没加入共产党。在武昌两湖书院内，他看了不少有关共产主义的书，包括毛泽东等人的文章，他认识到三民主义不如共产主义，国民党不如共产党。1927年3月，当蒋介石公开反共开始的前夕，徐向前毅然加入了共产党。

加入共产党后，徐向前从感情上和农民运动讲习所和毛泽东靠得更近了。他常打听农讲所的事，常读毛泽东的文章。特别是那篇《湖南农民运动考察报告》，读得津津有味。只是，和在广东一样，只闻毛泽东的大名，没见过毛泽东。他加入共产党后，在一次共产党员的集会上，只见到周恩来、陈毅等人，没见毛泽东。这时，在武昌，毛泽东和周恩来、恽代英、陈毅等人一样出名，只因毛泽东很少参加军界的活动，所以徐向前难以见到他。

1927年4月12日，蒋介石在上海逮捕、屠杀共产党人。从此，国共合作的局势被破坏，轰轰烈烈的大革命失败了。黑暗代替了光明。武汉三镇一片混乱，许多共产党员、革命军人得到党的指示，先后离开武汉。6月的一天，徐向前突然接到党的"交通"给他的一张纸条，上写4个字："找毛泽东"。

毛泽东，这响亮的名字，在武汉的政界中，几乎人人皆知，徐向前却从没见过他。"交通"给的那纸条，正看反看只那4个字，没有地址，更没有电话号码，叫徐向前作了难：到哪儿去找这个毛泽东呀？他在武昌？在九江？还是在长沙？是"交通"的粗心大意，还是来不及说明白毛泽东的地址，使徐向前揣摩了半夜。

这时，国民革命军第二方面军司令部正驻扎在九江。一个月前，徐向前曾接到一个正式通知，调他去二方面军司令部工作。找不到毛泽东，只好先去那里暂时栖身。听说,二方面军总司令张发奎一向与共产党人交好,或许到了九江,会知道毛泽东的下落。

徐向前从武汉乘船,顺流而下,到了九江二方面军司令部。张发奎似乎并不反共,任命徐向前为司令部参谋。徐向前找到黄埔的几位老同学,从旁暗暗打听着毛泽东这个人。老同学们当然都晓得毛泽东的大名,可是,谁也说不出毛泽东的下落。徐向前摸不清张发奎到底政治态度如何,又是他手下的一名小参谋人员,不敢贸然向这位司令官打听毛泽东。

一个月过去了,徐向前不知毛泽东在哪儿。他正想转到武汉找那位"交通",消息传来:武汉汪精卫政府7月15日公开反共。徐向前想到毛泽东是共产党的要人,他当然不会在武汉了。

8月3日,徐向前得到消息,周恩来、朱德、贺龙、叶挺等人,在南昌发动了武装起义。夜里,徐向前正盘算找不到毛泽东,是不是奔南昌,突然接到紧急集合的命令。军官们都不知发生了什么事,集合在一个大厅里。二方面军总司令张发奎带着卫兵来了。这位总司令几天前还保证,不反对共产主义,要和共产党合作,今夜却翻脸了,他严肃地宣布,军中的"CP(指共产党)分子3天内保护,3天后不再负责"。显然,这是向共产党员下"最后通牒"了。

徐向前又想到毛泽东。第二天天不亮,他离开九江张发奎的司令部,乘船逆流而上,奔向武汉。他想去找那位"交通",通过他,再去找毛泽东。

武汉,已经不是几个月前的景象。大街小巷,充满着恐怖的气氛,看不到革命军人的行踪,一些墙上贴出捉拿共产党人的通缉令,龟山上高高竖立的革命军的标语塔,被拆除了。徐向前找到以前与"交通"接头的地点,那里空无一人。

党在哪儿?毛泽东又在哪儿?徐向前像失去母亲的幼儿。在武汉查访3天,没有结果。最后,他下决心去上海。那是党中央机关所在地。还在九江时,他就听说一些同学在武汉政府背叛后去了上海。

上海有个小小的泰安客栈,是徐向前投考黄埔军校时落过脚的地方。这次回到上海,徐向前又住在这里。店家是熟人,只知开客栈赚钱,从不

管共产党与国民党的事。徐向前夜宿泰安客栈，每天遛马路，穿小巷。十几天过去了，身上的钱几乎要花光了，还没有找到一丝线索。一天在街上居然碰到李楚白——他的入党介绍人，真是喜出望外。两个人走到一个无人的小弄堂，徐向前才说出这几个月的经历，问李楚白：

"你可知道毛泽东在哪儿？"

"不知道，不认识。"

"我该怎么办呢？"徐向前问。

"你先回去等着，不要外出。"李楚白嘱咐一番，他们分了手。当夜，李楚白陪着中央军委的一位负责同志，来到泰安客栈。要徐向前立即去广州，说那边工人赤卫队中缺军事骨干，叫他去做工人的工作。谈话中，徐向前才得知：毛泽东9月间在湖南领导了秋收暴动，然后带领一部分工农革命军，奔向了井冈山。

二、草地相会又分兵

1935年春天，徐向前指挥红四方面军从四川西部渡过嘉陵江，策应迎接中央红军。6月，在黑水、芦花地区的维谷河畔，徐向前先与中央红军第三军团司令员彭德怀相会了。见面之后，彼此通报情况，徐向前自然问到毛泽东、朱德、周恩来这些中央苏区的领导人。彭德怀告诉徐向前一些遵义会议的情况，他这才知道，毛泽东又重新参加领导中央红军了。在此以前，徐向前听说，王明等人排斥了毛泽东，毛泽东不管军队，只是中华苏维埃共和国主席。

徐向前对彭德怀说："我真想见见毛泽东同志！"

"你认识他？"

"不，我们没见过面。"徐向前想到大革命失败后，在武汉、在九江、在上海找毛泽东的情形，又想到如今在这茫茫草地与中央红军相会，觉得分外高兴。他虽然未和毛泽东见过面，但由于大革命失败那年那位"交通"给过一张"找毛泽东"的纸条，使他东奔西跑好多天，毛泽东这个名字深深印在他心里。还在和中央红军刚刚会师的时候，徐向前就代表红四方面军领导人，亲笔写了一封致中央红军领导的信，信中介绍了川西北的敌我态势，提出了作战建议，热烈欢庆与中央红军会合。徐向前曾向送信的人一再嘱咐："这封信，一定要交给毛主席！"

为迎接中央红军，迎接毛泽东，徐向前和红四方面军的领导人，先派李先念率红军一部，攻占懋功，为中央红军北进扫清道路。徐向前还命令红军指战员打草鞋、织毛袜、捐慰问品。仅红三十一军一批就有衣服500多件，草鞋1400多双，毛袜500多双，毛毯100多条，鞋子、袜底儿300多双送中央红军。徐向前因忙于指挥作战，直到7月中旬，他才在芦花见到毛泽东、周恩来、朱德、张闻天、博古等领导人。

这天，在藏民地区一座简陋的房子里，毛泽东和徐向前头一次握手相会。

毛泽东说："向前同志，你辛苦了！"

徐向前说："毛主席，我很想见到你！"

毛泽东说："我也是一样啊！"

这次会见，像早已安排好的，毛泽东代表中央政府把一枚五星奖章，授予徐向前，并说明，这奖章是中华苏维埃共和国中央临时政府决定授给一位同志的，因为徐向前没能出席中央的会议，这奖章一直保存着。毛泽东主席还郑重地讲了一番话，对徐向前在创建鄂豫皖和川陕苏区斗争中，指挥红四方面军作战中屡建战功，予以高度评价。

徐向前心中十分感动。他又一次记起1927年在武汉那位"交通"给他的纸条，要他"找毛泽东"。8个年头过去了，今天才在这人迹稀少的茫茫草原上相会。这8年中，徐向前经历了广州起义与东江游击战争，经历了鄂豫皖苏区四次反"围剿"，经历了川陕区的反"三路围攻"、"六路围攻"。8年前，徐向前只是武汉军校中的一名少校队长，如今，他成了统率红军第四方面军的总指挥。8年前，他参加广州起义，任工人赤卫队第六联队队长时，开始只有两支手枪和几个手榴弹，如今，他统率着80000多人的红军主力。这8年中，他有无数个胜利喜悦的日子，也有失败的痛苦经历。这几年，他在张国焘的直接领导下带兵打仗，张对他是"用而不信"，许多事使他左右为难，心情不愉快。他心中早已暗暗想，见到党中央和毛泽东等领导同志，他要提出请求，希望离开四方面军，由中央另分配一个工作。

徐向前在和毛泽东等中央领导人交谈中，说出了请求调动工作的话，毛泽东只是微微笑着，其他领导人没有说话。毛泽东向徐向前说：

"向前同志，你们这些年工作成绩很大，创造了两个大苏区，打了好多大胜仗啊！"

徐向前说："我这个人水平不高，能力差，还是请求中央另分配工作好。"

毛泽东仍是微笑。谈话没有继续下去，于是大家又议了议北上作战的问题，就分手了。

这次相会，使徐向前终生不忘。毛泽东的安详大度，周恩来的锐敏和口才，朱德的平易近人，张闻天的学者风度，给徐向前留下深深的印象。

对于和中央红军、毛泽东等相会，徐向前从内心是高兴的。但是红四方面军与中央红军会合后出现的复杂局面，他却没有思想准备。开始，张国焘向中央争兵权，继之公开反对中央北上的战略方针。1935年8月，中央终于说服了张国焘。红军分左路军和右路军北上了。徐向前和陈昌浩、叶剑英率右路军随毛泽东、周恩来等中央领导人行动；朱德、张国焘、刘伯承等率领左路军行动。在茫茫草地里行军，没有粮食，红军战士天天以野菜为主食，许多人吃了黄麻菜，嘴都肿得说不成话。徐向前听说周恩来患疟疾不能起床，特地带了一块牛肉去看望。这次和毛泽东见面时，还把自己的烟袋送到毛泽东手上说："主席，你抽抽我这老叶子吧，挺好呢！"毛泽东说："我这几天伤风，想戒烟了。"说着还是接过烟袋看着直咳嗽。徐向前知道毛泽东烟瘾大，真想为他搞一些纸烟，可是，荒凉的草原上，牛屎房里除了酥油茶，哪里见得着纸烟啊。

在这些日子里，徐向前常常见到毛泽东，有时在行军路上，有时是中央开会。在8月20日毛尔盖中央政治局扩大会议上，毛泽东首先发言，就红军的发展方向问题，提出要向东，向陕甘边界发展。讨论中，徐向前表示，完全赞成毛泽东的意见。并列举了一些理由。毛泽东认真地听着徐向前的发言，显然十分高兴。在张国焘闹着要向南，向黄河以西走的情况下，徐向前坚决支持毛泽东的意见，这是难得的。就在这次会议后，徐向前按照毛泽东的指示，指挥了包座战斗，一举歼灭胡宗南一个师。

北上的通道打开了，部队又补充了武器和粮食，使毛泽东等中央领导人甚是高兴。徐向前真不愧是出奇制胜的战将！这天，毛泽东把徐向前和陈昌浩请去，研究如何做好张国焘的工作，因为这时张国焘带左路军迟迟不动，并以种种理由推迟行动。

毛泽东问徐向前："你说说怎么办好？"

徐向前说："如果他们过草地困难，我们可以派出一个团，带上马匹、牦牛、粮食，去接迎他们。"

毛泽东说："这个办法好，一发电报催，二派部队接，就这么办。"

当即，以毛泽东、徐向前、陈昌浩3个人的名义，发出电报。徐向前还发出命令给四军三十一团，准备粮食，待命出发去接左路军。

哪里知道，张国焘这时分裂党、分裂红军的决心已定，尽管党中央、毛泽东等反复劝告要他率领左路军北进，他执迷不悟，于9月8日发电报命令陈昌浩、徐向前率右路军南下。第二天，就发生了南下还是北进的问题。

晚上，毛主席亲自来到徐向前住处，站在院子里问："向前同志，你的意见怎么样？"徐向前说："两军既然已经会合，就不宜分开，四方面军如分成两半恐怕不好。"毛主席见徐向前是这种态度，便没有再说别的，要他早点休息，遂告辞而归。

第二天凌晨，徐向前刚刚起床，便得到报告，说中央红军已经连夜走了。这时，指挥部忙乱起来，又是电话，又是议论，前沿部队中有人不明真相，电话里请示说：中央红军走了，还对我们警戒，打不打？政治委员陈昌浩是有"最后决定权"的，此时他却问徐向前："怎么办？"在这严峻的关头，徐向前不加任何思考严厉地说：

"哪有红军打红军的道理！叫他们听指挥，无论如何不能打！"

在这关键时刻，总指挥徐向前，句句千钧，以高度的党性原则精神，稳住了阵势，维护了红军的团结，保护了党中央和毛泽东等领导人的安全。

分兵之后，徐向前好几个夜晚不能入睡，他想起党的事业，想到与中央红军会师后，与毛泽东、周恩来、朱德、彭德怀等同志的相会和友情，不禁暗暗流泪，哭了一场。他因为没和毛泽东等中央领导共同北上，没在那天毛主席来找他时，明确表示跟党中央、毛泽东同志一齐走，而执行了张国焘的南下命令，到了晚年他还认为"犯了终生抱愧的错误"。

在重返草地、南下艰苦的日子里，徐向前和朱德、刘伯承等同志，不断劝说张国焘放弃他的错误主张；当中央红军长征到达陕北，毛泽东指挥中央红军与十五军团，在直罗镇打了大胜仗时，电报传来，徐向前首先提出，把直罗镇战役的胜利消息，在红军出版的小报上登出。

徐向前对于草地分兵这段历史，永铭在心。日后，他坦诚地回忆说："毛泽东同志说过：南下是绝路。后来的事实，完全证明了这一正确论断。'吃一堑，长一智'。我对毛主席的远大战略眼光和非凡气魄，是经过南下的曲折，才真正认识到的。"

三、"有鸡就有蛋"

随着日月转换，历史的发展，徐向前对毛泽东的伟大和正确有了更多更深的认识，毛泽东对徐向前的才能、品格也有了更多更深的理解。

1936年10月，徐向前奉中央军委的命令，指挥两万红军西渡黄河，执行宁夏战役计划；随后，河西部队被命令为西路军进行远征，"打通国防路线"。西路军在河西走廊祁连山下，终因寡不敌众，弹尽粮绝而最后失败。当徐向前从西路军脱险回到援西军司令部，司令员刘伯承急电军委和毛泽东："我们的徐向前回来了！"毛泽东此时正十分关心徐向前和陈昌浩的安全，关心西路军失散的同志，在西安事变前后，曾多次令周恩来与国民党方面交涉，要他们停止向西路军进攻，更不允许伤害西路军领导人。

1937年5月1日，毛泽东等致电徐向前："庆祝你脱险归来，并相信你一定能够在中央领导下再接再厉地为革命奋斗到底。盼病体痊愈后即来中央。"

1937年7月，徐向前和周恩来从西安飞抵延安。西路军打了败仗，徐向前觉得无颜见毛泽东和中央领导人。尽管西路军失败的全部责任，不能由他来承担，但他还是做好了思想准备，认为"打了败仗嘛，批评、撤职、杀头都应该，没有什么好说的"。

在延安的凤凰山窑洞里，毛泽东接见了徐向前。见面之后，不等徐向前说话，毛泽东首先亲切地说：

"向前同志，你辛苦了！身体怎么样了？听说你病得不轻！"

徐向前说："病了些天，牙齿又疼……"

毛泽东接着说："俗话说，牙疼不是病，疼起来可要命啊！"

毛泽东谈话，总是让人感到随便。他爱说些轻松的话，风趣地打比喻。徐向前此时心中并不轻松，西路军悲壮的失败的战事，总是在心头压着。他有许多话想说，又要深刻反省自己。他简要地汇报了西路军的情况，只听毛泽东说："留得青山在，不怕没柴烧。你能回来就好，有鸡就有蛋嘛！"

毛泽东对徐向前没有半句批评责备之意，语言风趣而又诚恳。这使徐向前心里温暖，十分感动。他说到路上和陈昌浩分手的情况，说他病了，留在一个老乡那里，建议中央派人去找找陈昌浩。

毛泽东点点头说："好吧，你多注意身体。"又重重地重复了一句："有鸡就有蛋嘛！"

短短的谈话，使徐向前终生难忘。

作为领袖，毛泽东不看部下的一时错误；作为军事家，他更懂得"胜败乃兵家之常事"的道理。他所讲的"留得青山在，不怕没柴烧"，他所说的"有鸡就有蛋"，更非戏言。西路军失败于河西走廊，是令人痛心的事，但是，西路军的领导人今天能安全返来延安却会像一只母鸡那样，鸡生蛋，蛋孵鸡，把革命的力量发展起来，这就是毛泽东的思想。

"西安事变"后，在与国民党谈判中改编红军为八路军时，毛泽东多次令周恩来向南京政府提出，红军要改编为4个师，贺龙、刘伯承、林彪、徐向前分别为4个师的师长。由于蒋介石限制共产党军力，最后只允许红军改编为3个师。于是，徐向前只好被任命为129师副师长。在部队改编时，毛泽东又找徐向前说：

"向前同志，你这个山西人，和阎锡山是老乡，你跟恩来一块儿下山西一趟，去太原做做阎老西的工作！"

徐向前说："主席，我和阎锡山不只是一河之隔的老乡，他还是太原师范的创始人，我们的名誉校长哩。"

毛泽东说："师生之情，更好说话了。"

徐向前说："恐怕难呢！还是我去打仗吧。"

毛泽东说："仗有的是打的，你还是先和恩来去太原吧！"

在抗战的旗帜下，徐向前随同周恩来到了太原。阎锡山对周恩来、徐向前的到来，一时待如贵宾，列队相迎，摆宴款待。他知道徐向前是共产党军中的一名帅才，在大别山和四川，把蒋介石和四川大小军阀，打得一败涂地。所以，阎锡山这时向他的部下说："徐向前这样的人才，怎么到共产党那一边去了？不是楚才晋用，而是倒过来了，得人者昌，失人者亡！"他利用一切机会，和徐向前套近乎，论老乡。徐向前协同周恩来，按照毛泽东制定的方针和政策，向阎锡山和他的部下，积极开展统一战线工作，协助阎锡山的军队作战。徐向前还利用山西的同学、亲友，在太原、五台山等地，展开抗日宣传工作。

徐向前在敌后战场上，神机妙算，把毛泽东的游击战略，推向一个又一个高峰；又像老母鸡下蛋一样，打到哪里，就把蛋留在哪里，蛋生鸡，鸡孵蛋……

1940 年 6 月，徐向前从山东来到延安。在王家坪又和毛泽东相会了。之后，先被任命为陕甘宁晋绥联防军副司令员兼参谋长，两年以后，1943 年 3 月的一天，毛泽东又请徐向前来到他的窑洞。

毛泽东开门见山地说："向前同志，你去办抗大怎么样？"

徐向前在不久前，被中共中央军委任命为军事学院院长，刚不到一个月，工作还没插上手呢！听毛泽东说叫他去办抗大，有些为难，说："军事学院的工作还没理出个头呢！我这个人，没搞过教育，还是派别人去吧。"

毛泽东说："你是师范生哩，又是黄埔生，你搞学校合适。"

徐向前又说:"主席,我想顶好去打仗。我没办教育的经验。"

毛泽东说:"仗也要你打。现在先去办学校。你去抗大当校长,把军事学院也带过去……"

毛泽东短短几句话,使徐向前感到非办学校不可,他愉快地接受了。

"抗大抗大,越抗越大。"这是毛泽东的话。"抗大是磨刀石"、"抗大是老母鸡"、"抗大是熔炉",也是毛泽东说的。徐向前在抗大,按照毛泽东的建校方针,为中国革命培育着一批批优秀将才,孵育了无数的"母鸡"。

四、九月相会在西柏坡

抗日战争的后四年,徐向前是在延安度过的。他和毛泽东不能说朝夕相见,也可以说经常相会。开会、谈话、一块儿视察,有许多难忘的日子。经过延安整风,全党更加认识到毛泽东是伟大领袖。他的革命品格、战略战术原则、善于把马列主义同中国革命实践结合的智慧和领导艺术,使徐向前深深敬服。

毛泽东很器重徐向前的才能和品格,关心他的健康。徐向前因患重病未能出席中共第七次代表大会,毛泽东先是派人到医院慰问,后又亲自前往和平医院探望。毛泽东和病床上的徐向前谈论战局,分析日本侵华的前途,分析国民党抗战胜利后的态度。徐向前说:"我得快上前线,等日本投降了,我就没仗打了。"毛泽东劝慰说:"你别急,身体还未痊愈,还是继续安心静养,以后国民党是不会叫你闲着的。"他们在日军尚未投降时,就预见内战是不可避免的。

在病床上,徐向前战胜了死神,1945年年底出院后,毛泽东特请他住到枣园来。每天散步,毛泽东、朱德、徐向前常常碰面。他们除了互相问问身体状况、谈论读书,更多的是交谈战局发展。一次,说到蒋介石如进攻某地怎么办,徐向前直率地说:"打,要狠狠打一家伙,不打是不行的。"毛泽东说:"向前说得对,只有打才能推迟和制止内战的发生。蒋介石一定要打内战,我们也不怕。"

一谈到打仗，徐向前兴奋起来。平时，在毛泽东面前，他总是说得少，听得多，声音也不高，一谈打仗，劲头上来，话多了，嗓门也大了。这时毛泽东就笑笑说："向前同志，我看你还是好好静养呀！"

内战终于爆发了。1946年11月18日，中共中央发出了《关于放弃延安的指示》，徐向前病没好和一部分机关、医院人员，被先行疏散去晋绥解放区。临离开延安前一天，毛泽东亲自来送行。徐向前依依难分，要毛主席保重。毛泽东谈笑如常。他说："还要打它3年、5年或者10年，你们要做好这个精神准备。"徐向前说："主席，我明年就要上前线哪！"毛泽东点点头。

徐向前和毛泽东在此又分手。一过就是两年，1948年9月，他们在河北省平山县西柏坡又胜利相会了。

这两年中，毛泽东指挥各解放区战场从防御到进攻；放弃延安，又收复延安，使整个战局发生了转折；这两年，徐向前一直在山西，出任晋冀鲁豫军区副司令员、华北军区副司令员、华北野战军第一兵团司令员兼政治委员。他带病出征，先后指挥了运城战役、临汾战役、晋中战役。仅晋中战役1个月内，就歼敌正规军10万余人。徐向前使山西境内的敌军闻风丧胆。他运用攻坚战、地道战，攻克坚固的运城和临汾；他又以声东击西的运动战，横扫晋中平原。他敢于以少胜多、以弱胜强，勇于连续作战，一鼓作气打到"最后5分钟"。在前线，他病得不能行走、不能骑马时，还坐在担架上指挥部队冲杀。他的战斗精神就像他的名字那样："向前，向前！"

毛泽东对徐向前指挥的临汾攻坚战的经验，极为重视。6月1日，在给东北野战军领导人的电报中说："徐向前同志指挥之临汾作战"，"是一个很有意义的大胜利。临汾阵地是很坚固的，敌人非常顽强，敌我两军攻防之主要方法是地道斗争。我军用多数地道进攻，敌军亦用多数地道破坏我之地道，双方都随时总结经验，结果我用地道下之地道获胜。"1948年7月18日，中共中央委员会祝贺徐向前指挥的晋中战役取得胜利，电文中说："仅仅1个月中，获得如此辉煌的成绩，对于整个战局帮助极大。"电文中"极大"二字，是毛泽东亲笔所添。

1948年9月初，当徐向前抱病赶到西柏坡后，毛泽东主席以极其兴奋而又高度赞扬的口吻和徐向前畅谈。在7日的一次汇报会上，徐向前讲到晋中战役时，毛泽东主席当即插话说：

"哎呀！你们还不到6万人，一个月消灭阎锡山10万人，单是正规军就搞掉他8个整旅。你说说，你们那个晋中战役是怎么打的？"

徐向前说："我们是按主席的军事思想呀！"

毛泽东摇摇手。那手势、那笑容，包含着对徐向前的称赞和敬爱。

这时，徐向前的身体极为虚弱，他路经石家庄和平医院作检查时，日本籍的一位医生说病已到"极点"。尽管徐向前不愿意把病情告诉毛泽东，毛泽东还是知道徐向前病得不轻。每天见面、散步先要问一句："向前同志，身体怎么样啊？注意调养。"

徐向前总是回答："谢谢主席，我还好。"

一天会间休息，毛泽东又和徐向前一起到室外散步，探讨解决山西的问题。毛泽东说：

"你请阎锡山把军队开到汾孝一带，我们进太原，那样麻烦就少了。"

徐向前说："能和平解决太原最好，不过……"

毛泽东问："你说不可能？"

徐向前说："我们那个老乡阎锡山，是不会轻易让出他的王国的。他派人勾结陈纳德，邀请美国记者参观太原的碉堡，把太原搞成碉堡城了。他还幻想美国发动第三次世界大战。"

毛泽东说："反动派是靠这一手。"

徐向前说："解决太原问题，我还是照主席讲的'扫帚不到，灰尘照例不会自己跑掉'。"

毛泽东点点头，笑笑说："恐怕是这样。"

中央"九月会议"是一次推动解放战争胜利的重要会议。解放战争战略决战的序幕从此揭开。会议开过之后，徐向前又抱病奔向太原前线。他相信毛泽东说的夺取全国胜利为时不远了。同时他期待着，下一次和毛泽东和中央领导人相会。大家已经说定了，下一次相会是在北平。

五、疾风知劲草

　　战争终于基本结束，中国革命胜利了。1949年10月1日，毛泽东和他的战友们登上了北京天安门城楼。他庄严宣布："中华人民共和国成立了！"可是，这一天，徐向前没能出席北京的开国大典。战争夺去了他的健康，从解放太原之前，他的肋膜炎一天天恶化，偏头疼反复发作。不能吃，不能入睡，消化功能和吸收能力极差。党中央和毛泽东主席十分关心他的身体，决定要他移住山东青岛海滨疗养。开国大典的礼炮声，毛泽东向全世界的宣告，徐向前是在山海关路17号疗养地从收音机里听到的。

　　作为国家主席的毛泽东，任命了新中国第一代政府官员，徐向前被任命为中央人民政府军事委员会委员、总参谋长。由于徐向前正在养病，总参谋长繁重的军务，毛泽东只好请聂荣臻代行。

　　1950年5月，徐向前第一次进北京，参加中央七届三中全会。会议期间，毛泽东主席见到他身体好转，甚是高兴。一再劝慰着："静养，安心静养！"6月朝鲜战争爆发后，徐向前移住北京。在颐和园内一幢暂时栖身的房子里，他作为军委的总参谋长，为毛泽东的决策尽心尽力。

　　经过一冬一春的治疗和静养，徐向前的身体恢复了。毛泽东和中央的其他领导人都很高兴。1951年5月初的一个夜晚，徐向前被毛泽东约进中南海。

　　深夜了，毛泽东房里如同白昼，统战部长李维汉正在那里谈工作。徐向前的出现，使毛泽东离开座椅，疾步迎到门前，握住徐向前的手，久久不放，亲切地问着：

　　"近来身体好一些吗？我看气色比上回好一些喽！"

　　徐向前答："天气一暖和，就好多了。"他预感到毛主席约见他定有大事，于是说："主席，我感到完全可以工作啦。"

　　毛泽东微笑着说："你哇，那就作一次长途旅行吧，跑得远一点，坐火车去一趟莫斯科。"

　　徐向前对派他出访苏联，没有思想准备。前年毛主席曾访问过苏联，和斯大林作了友好谈判，并签订了《中苏友好互助条约》，如今又派他去苏联做什么呢？

毛泽东又说："好像你还没有出过国吧？以前我也没出过国，前年年底去莫斯科住了两个月。那是头一回哩，那是冬天，很冷，现在已经立夏，你去身体不要紧吧？"

徐向前忙说："没问题，请主席尽管放心，交给我的任务，一定努力完成。"

毛泽东接下去讲：国内战争结束后，人民解放军海、陆、空军正开始现代化建设，需要新的武器装备；抗美援朝战争，更需要武器装备。怎么办呢，一是要向苏联买武器，二是要多搞点技术项目，发展我们自己的兵工厂。徐向前率"中华人民共和国中央人民政府兵工代表团"，去莫斯科进行谈判。代表团的任务是：商请苏联政府卖给我们一部分步兵常规武器装备，同时给予某些技术转让，以及帮助中国建设新的兵工厂。

徐向前像战争年代从统帅部领受任务那样，方针一明确，具体细节就不多说了。他告别毛泽东主席，第二天和彭德怀等交谈半天，具体商量了出访苏联的事宜。

5月25日，徐向前率领代表团乘上北京至莫斯科的列车。尽管这时他的身体并没彻底好转，为执行毛泽东主席交给的重要使命，他的心情是极为兴奋的。列车开出山海关，越过松花江、兴安岭，继之过满洲里，进入苏联境内。头一次乘这么多天的火车，徐向前这才体会到毛泽东说的"长途旅行"是什么滋味了。

徐向前有着临阵不乱的大将风度。一到苏联，他碰上种种难题，他除了通过驻苏大使馆电台及时向党中央和毛泽东主席请示报告，按照毛泽东"讲团结、讲友谊但不屈辱"的一贯思想，在苏联访问、谈判近5个月，终于胜利完成了任务。10月24日，正当他结束苏联之行，乘上列车返回祖国，一路准备着如何向毛泽东主席汇报时，因在列车上举行酒会庆祝十月革命节，友好的苏联人向他多敬了几杯，加上旅途的劳累，气候寒冷，列车刚进入国境，徐向前就患感冒发烧，接着肋膜炎复发，车至长春，他就住进了空军医院。毛泽东、周恩来等得知后，即派医疗组赶往长春，把徐向前接回北京。

从这以后好多年，徐向前的身体没断过病。尽管如此，他还是不停地工作，像其他各位元帅一样，每人各管一个方面，或一个部门、院校，成为毛泽东建设新中国、发展人民解放军现代化建设的可靠助手。在毛泽东没有被神化的那些岁月，元帅中有的可以和毛泽东说开心话，工作中也可以争论个面红耳赤，徐向前却不这样。他一向少语多思，从不说玩笑话，连闲话都说得极少。徐向前这样的性格，在领袖毛泽东面前，自然闲话不会多的。毛泽东很善于团结一切人，他既可容忍彭德怀式的"粗人"会上"骂娘"；又喜欢陈毅那样的"诗人外交家"；对于徐向前式的"温文尔雅"，见面总是先亲切地打招呼。有时会议讨论问题，见徐向前还未发表意见，还要问一句："向前同志，你的意见呢？"

多少年来，徐向前忠实于党的事业，努力贯彻执行毛泽东思想。他对毛泽东分配给他的每一项工作，都尽心尽力创造性地去完成。他坚持毛泽东一贯倡导的"实事求是"的作风。反对华而不实，反对浮夸，反对搞花架子。他多年分管民兵工作，总是按照毛泽东人民战争的理论、按照中国武装力量三个结合的体制，踏踏实实地去指导民兵建设。1958年"大跃进"的年代，毛泽东提出"大办民兵师"，许多城市和地方一哄而上，大搞"民兵师"和"民兵大比武"。徐向前明令制止那种"吹皮球式"的做法。他说："我们好多工作，一下轰起来很容易，但过了一个时期气就慢慢地下去了"，"这是不合乎战备要求的。"他一再教育做民兵工作的同志说："毛主席要'大办民兵师'是个口号，并不是把'师'都搞起来，要每个县长当师长，书记当政委。"他坚持一条："民兵的中心任务是搞好生产。"他的这些思想和做法，写入正式文件后，毛泽东阅后"完全同意"。

晚年的毛泽东被神化。即使在那些年代，毛泽东还是喜欢徐向前式的"老实人"。1967年1月，当"文化大革命"蔓延到军队机关、院校的时候，眼看军队要从上至下乱起来，毛泽东断然决定，徐向前出任全军文化革命小组组长。66岁的徐向前上任不久，就不顾犯冲击"副统帅林彪"的嫌疑，深夜"闯宫"至毛家湾林彪家中，力争要搞出几条稳定军队的命令。徐向前经过和林彪和军委其他领导人反复商议，很快形成了《八条命令》。为使这个稳定军队的命令尽快批准，1月28日夜，徐向前陪同林彪进入中南海去见毛泽东。毛泽东最后亲笔修改后，批示："所定八条，很好，照发。"

在此前后，徐向前在京西宾馆军委碰头会上，在中南海怀仁堂中央政治局碰头会上，和一些老革命家，对江青、陈伯达等人搞乱军队的罪恶行径，进行了坚决斗争。徐向前大声疾呼"军队是革命的支柱嘛，你们还要不要军队？如果不要，我就不干了。"他被说成2月"大闹怀仁堂"、"打头炮的"。徐向前和几位老同志被江青等人诬为搞"二月逆流"。从此，受批判，被"造反派"抄家3次，之后下放二七车辆厂去"蹲点"、"接受工人阶级再教育"。

"疾风知劲草"，就在北京和全国各地一片"打倒"、"炮轰"、"火烧"徐向前的浪潮中，毛泽东决定，要陈毅、徐向前、聂荣臻、叶剑英4位老帅成立一个"国际形势研究组"。在周恩来亲自安排下，4位老帅每月从"蹲点"的工厂到中南海武成殿开讨论会两三次。4位跟毛泽东征战半个世纪的老帅，此时都已年逾古稀，叶剑英72岁，聂荣臻70岁，陈毅和徐向前68岁，每当他们聚到一起，尽管中国正处在大动乱中，老帅们仍把目光放到全世界，侃侃而谈、高瞻远瞩，分析着美国、苏联和许许多多大国的形势。最后，他们向党中央和毛泽东主席提出了战略性的意见和建议。其中包括恢复中美会谈、打开中美关系的建议。毛泽东主席十分重视4位老帅的意见，在制定新的正确的战略方针和各项政策中，都把老帅的心血溶化其中。

1971年9月13日，是中国历史上一个值得记下的日子。这一天林彪阴谋败露后出逃，葬身于蒙古的温都尔汗沙漠上。这个"9·13"事件，震动了中外，也是毛泽东开始认识发动"文化大革命"不得人心的一个起点，毛泽东从这时更理解了包括徐向前在内的一群老帅们为什么要抵制江青等人。在一次中南海接见各位老帅的会议上，和每位老帅都说句评奖似的话，在和徐向前握手时，连连说："好人！好人！"

这是句朴朴实实的话。每个中国人常用"好人"和"坏人"来分别人并表达自己的爱憎情感。

一个中国人,如果被认作"好人",那是得到了极大的肯定啊。毛泽东在这个时候,说出这样的话,包含多么深厚的情意啊!

(张 麟)

风风雨雨伴人生
——徐向前和周恩来

和周恩来有过交往的人,每个人都可以讲出一些催人泪下的故事,徐向前也不例外。

1981年,毛泽东主席在中南海的故居准备对国内群众开放。开放前,先请中央领导同志内部参观。出于对毛主席的热爱、敬仰和怀念之情,一向深居简出的徐向前元帅和夫人黄杰率领子女及工作人员乘大轿车前往参观。他们和邓颖超大姐不期而遇。3位老人一见如故,边走边谈,兴致很浓。邓大姐指着黄杰对徐帅说:"我们认识她比你还早呢!"畅快的笑声在中南海回荡。

中国革命的纽带联结了周恩来与徐向前之间的友谊。这种友谊饱含了中国革命的曲折、艰辛、胜利,这种友谊经过了血与火的洗礼。

相识于黄埔军校

邓大姐说认识黄杰比徐帅早,那是指邓大姐本人与徐帅的认识,而徐帅与周恩来的认识要早一些。1924年,徐向前考取了黄埔军校第一期,开始了他的军事生涯。而周恩来此时已是中共两广区委委员长兼宣传部长,并兼任黄埔军校的政治教官,给第一期的学生讲授政治经济学。11月,又兼任黄埔军校的政治部主任。26岁的周恩来一到任,立刻显露出引人注目的才华，井井有条而又富于创造性地开展了工作，黄埔军校的政治工作出现了蓬蓬勃勃的局面。徐向前在回顾这段军校生活时说："在周恩来主持下，军校的政治工作相当活跃，革命性、战斗性很强，有力激发了师生的革命热忱。"在周恩来的指导下成立的青年军人联合会成为团结青年人探讨革命的核心组织。徐向前就是该组织的骨干成员。

1925年1月15日，广东革命政府发表《东征宣言》，决定讨伐广东军阀陈炯明。周恩来作为黄埔军校的政治部主任随军东征。徐向前已经毕业，留在入伍生队任排长，参加东征。第一次东征取得了巨大胜利，是与周恩来强有力的政治工作分不开的。东征中军校的政治工作是中国共产党在领导军队政治工作方面所作的最早的尝试，并且取得了巨大成功。周恩来在领导这项工作中表现出了富有创造性而又周密干练的才能，由此在国共两党内、特别在黄埔师生中受到广泛的尊敬。

少言寡语、不显山露水的徐向前，很少与周恩来直接接触，他是从周恩来的演讲中、在斗争实践中来认识这位中国革命的杰出领导人的。正是这位老师，对徐向前的一生产生了深远影响。

1925年，徐向前告别黄埔，到河南的国民第二军工作，1926年辗转到武汉，在中央军事政治学校武汉分校任队长，并于1927年3月加入中国共产党。四五月间徐向前又见到了周恩来。徐向前接党内通知，要他到蛇山西面的粮道街开会。到了会场，见周恩来坐在主席台上，十分高兴。那一天会议由孙永康主持，施存统讲了话，周恩来作主要报告。这是徐向前入党后第一次参加党的重要会议，听得特别认真。他又一次听到了周恩来那熟悉的声音，又一次看到了那熟悉的挥动的臂膀。蒋介石唆使夏斗寅偷袭武汉，形势危急，但周恩来同志非常沉着坚定。他号召大家行动起来，打垮国民党反动军阀的进攻，保卫武汉。徐向前从周恩来的演说中受到了极大的鼓舞。会后，武汉军校组成了独立师，配合叶挺的二十四师作战。徐向前率领学生军，一边行军一边教练。学生军热情很高，作战勇敢，在武汉以西的桃花镇，将"川老鼠"范绍曾部和杨森第9师打垮。叶挺部也在纸坊将夏斗寅部打垮。革命军胜利返回武汉。

从黄埔军校到武汉分校，徐向前实现了由新民主主义者到共产主义者的转变，这是与周恩来及其他共产党人的教育帮助分不开的。

芦花重相会

黑水河畔的芦花，一个川西小村，却是在中共党史上不可忽略的地方。徐向前率红四方面军主力来到芦花，实现了两大红军主力的大会师。徐向前到芦花，才第一次见到了中央领导人毛泽东、朱德等，见到了阔别多年的周恩来。

徐向前参加广州起义后，随起义部队进军海陆丰，与彭湃同志会合，坚持了东江的游击战争，成为红四师的师长、游击战争的主要领导人。1928年底撤出东江，1929年四五月到达上海。其时正值鄂东北派人来中央，请中央派军事干部。中央即派徐向前前去，由军委书记杨殷谈话。不久，彭湃、颜昌颐、杨殷、邢士贞被叛徒白鑫出卖，壮烈牺牲。白鑫在东江时曾任红四师十团团长，党代表就是徐向前。彭湃、杨殷等同志牺牲后，周恩来同志派陈赓等除掉了这个叛徒。

杨殷牺牲后，周恩来继续任军委书记。1930年二三月间，周恩来在上海召开会议，为统一鄂豫边、豫东南、皖西三块革命根据地的领导，决定成立鄂豫皖特区，在湖北省委领导下建立鄂豫皖特委，郭述申为特委书记，徐向前为特委委员。上海会议还作出了《中央关于成立红一军及军事工作的指示》。将鄂东北的红三十一师、豫东南的红三十二师及皖西的红三十三师统一编为红一军。并派黄埔第一期学生许继慎来任军长，徐向前任副军长。

徐向前驰骋于大别山区，创建了红四方面军并任总指挥。后来又创建了川陕革命根据地。当党中央和红一方面军渡过金沙江北上时，徐向前即派李先念率红三十军八十八师和红九军二十五师西进小金川地区迎接中央红军，并于懋功胜利会师。懋功会师时，徐向前在东线，没有去懋功，也没有参加两河口会议，而是奉命率主力沿黑水河东岸北进。所以直到芦花，徐向前才见到中央领导人。

第一次见到中央领导人，徐向前很兴奋。他紧握毛泽东的手，言语不多，但充满了赤诚。毛泽东的豁达大度，朱德的平易近人，张闻天的学者风度，给徐向前留下了深刻的印象。对周恩来，徐向前有一种故人相见之感。周恩来看到这位少言寡语的黄埔生，竟成了使敌人闻风丧胆的红四方面军的总指挥，感到无限欣慰。

中央在芦花召开了政治局扩大会议，统一对红四方面军的认识。徐向前就军事工作发了言。他汇报了红四方面军的特点，分析了敌情，表示坚决听从中央指挥。周恩来在发言中认为红四方面军撤出鄂豫皖是不对的，撤出通南巴是为了迎接中央红军，是正确的。他充分肯定了红四方面军的长处，指出，红四方面军有胜利信心，执行命令坚决，遵守纪律，对群众能动员，并说，这些长处是红四方面军取得胜利的条件。徐向前佩服周恩来的敏锐和口才，并从周恩来的发言中受到鼓舞。

不久，周恩来患病，发高烧，徐向前很关心，也十分着急。他经常询问周恩来的病情，并设法搞了一点牛肉干送去。在荒无人烟的川西草原，一袋青稞面可以救人一命，牛肉干算是最好的补品了。

沙窝会议之后，红军分左、右两路军北上。朱德、张国焘率左路，徐向前、陈昌浩率右路，中央和军委随右路军行动。右路军过草地后，张国焘在阿坝停滞不前。徐向前左催右催，张国焘借口噶曲河涨水过不来。实际上，张国焘变了卦，又打起了南下川康边的算盘。10月8日，张国焘电令右路军南下，徐向前、陈昌浩报告了毛泽东，又在生病的周恩来处开会，并以恩来、洛甫、博古、向前、昌浩、泽东、稼祥7人名义致电张国焘，促其北上。

张国焘一意孤行，破坏了两军会合的大好形势，导致了两军的分裂。

徐向前和周恩来相见不容易，分手又匆匆，在徐向前的心灵里，留下了终生的遗憾！

西路军脱险归来，周恩来关怀尤加

徐向前率西路军两万余人，在河西走廊与马家军浴血奋战4个多月，终因敌众我寡、孤立无援而失败，但它吸引了10万敌军西向，有力地配合了河东红军的战略行动。1937年4月30日，虎口余生的徐向前，历尽千辛万苦，终于回到了援西军总部镇原。刘伯承见老战友归来，十分高兴，立即发报给延安："我们的徐向前同志已于今日19时到达援西军司令部。"任弼时、张浩、杨奇清等也都赶来欢迎他。同时电告在西安的周恩来副主席。

徐向前在镇原休息半个月，于5月16日到云阳，见到了彭德怀、左权等人。5月20日，周恩来从西安专程赶到云阳看望。草地一别，恍若昨日，周副主席剃去了长胡须，神采飞扬。徐向前见到周副主席，百感交集，汇报了西路军失败的经过，倾诉了自己的酸甜苦辣。周恩来安慰了他，十分关心西路军被俘人员和失散人员的命运。由于艰苦鏖战、长途跋涉，徐向前牙痛发作。周恩来、彭德怀、任弼时劝他去西安治疗，于是，徐向前便随周恩来去西安。

北新街七贤庄1号，是中央红军驻西安联络处，徐向前就住在那里，并见到了董老（必武）和谢老（觉哉）。周恩来无微不至地关心徐向前的饮食起居，百忙中嘘寒问暖，使徐向前颇受感动。此时，国共两党谈判已有一些进展，双方组织了考察团，准备到陕北、陇东红军驻地考察。周恩来提议徐向前为28个考察团成员之一。徐向前公开露面，立即在各界引起震动，各报均迅速报道。国民党政府西安行营主任兼第一集团军总司令顾祝同很快会见了他。徐向前在黄埔军校第一期学习时，顾祝同是军事教官，有师生关系，徐向前借机作顾的工作。建议国共加强团结合作，发动民众抗日。顾祝同只对拥护蒋委员长抗日有兴趣，对发动民众态度黯然。

徐向前在西安治好了牙痛，于6月18日与周恩来一道回延安。国民党派了两架飞机送他们，因为这种飞机只能乘坐1人。周恩来的座机先行，徐向前随后。起飞不久，周副主席的飞机不见了，徐向前乘坐的飞机驾驶员也迷了路。驾驶员问他到了什么地方，由于飞机声音大，驾驶员的话听不清，就写了张纸条递给徐向前。徐向前第一次坐飞机，没有到过陕北。但军事家的特点，使他研究过陕北的地形。他看到地上有一条河，估计是洛河，于是让驾驶员沿着河飞。果然发现了延安机场。飞机落地后，一问周副主席的飞机没有来，这可急坏了徐向前。到了延安城里，听说西安来了电报，周副主席乘坐的飞机驾驶员也迷了路，又飞回西安去了。周副主席安然无恙，徐向前心里才算一块石头落了地。

一同赴太原与阎锡山谈判

洛川会议一结束，毛泽东主席对徐向前说："你这个山西人，和阎锡山是老乡，下一步，你跟恩来一块儿下山西一趟，去太原做做阎老西的工作。"和恩来一道去，徐向前当然高兴，愉快地接受了这个使命。徐向前与阎锡山不仅是五台同乡，他还在阎锡山办的国民师范上过学，阎军中有许多军官是他的同学。这对谈判抗日，争取建立抗日民族统一战线，提供了不少有利条件。

周恩来已先期到达西安。徐向前与朱德总司令由洛川乘卡车出发，冒雨赶路，半路卡车抛了锚，下车推了一段，弄得满身是泥。还是不行，只好弃车步行。先到了贺龙的指挥部，遇到了林彪、聂荣臻，次日同行，过渭河，在渭南乘火车去西安。与周恩来会合后，乘蒋鼎文安排的专车到潼关。过黄河到风陵渡。阎锡山派的上校秘书梁化之带着两节专列火车来迎接。阎锡山搞独立王国，到山西境内必须换乘他的窄轨列车才行。

抵太原后，梁化之想安排周恩来一行住绥靖公署的高级宾馆，被周恩来谢绝了。周恩来对徐向前等人说："这里出出进进都是阎锡山的人，我们谈事情不方便，还是搬到彭雪枫那里住吧！"彭雪枫是1936年中共派到阎锡山处的联络代表。红军改编后，成了八路军驻晋办事处的负责人。

工作稍事安顿，周恩来、彭德怀、徐向前、彭雪枫一起去岭口行营见阎锡山。阎锡山正为日寇逼近太原发愁，对周恩来一行的到来，表现出很高的热情。阎锡山对徐向前这位同乡、这位当年的学生已是刮目相看了。他更想借国共合作之机，把徐向前拉到他这一边去。他对部下说："徐向前缺粮少弹，蒋介石剿了他几年，都没有剿垮，你们要多加留意。"甚至还谈过"政治上依靠薄一波、军事上依靠徐向前"这样的话。阎锡山有他的如意算盘，他对部下说："抗日要准备联日，联共要准备剿共。"周恩来对阎的"联共"态度和"守土抗战"主张，给予积极的评价，并说："希

望百川先生不负国人期望,履行诺言,与我们合作抗战到底。"周恩来还说:"我们共产党主张建立各党各派各界人士的共同联盟,要使山西不当亡国奴,只有联合起来,发动民众共同抗战。"经反复商谈,阎锡山同意成立第二战区民族革命战争总动员委员会。周恩来要求阎锡山对八路军入晋作战给予支援和方便,阎锡山满口答应。阎锡山介绍了大同会战情况。阎锡山搞的是阵地防御战,徐向前则给他讲了运动战和游击战的战法。阎锡山对此一窍不通,听了很感兴趣。阎锡山还答应对八路军和第二战区的友军一视同仁,补充部队的薪饷和装备。阎锡山对傅作义不放心,希望周恩来和徐向前去做做傅作义的工作,周恩来表示同意。于是,周恩来和徐向前连夜赶到大同,与傅作义谈了两个钟头。徐向前回顾这一段时说:"恩来精力旺盛、思维敏捷,很善于谈判,讲话能打动人。傅作义对他很佩服。"

周恩来和徐向前夜以继日地工作,会见各界人士,利用一切机会宣传共产党的抗日主张。太原国民师范是徐向前的母校,他陪周恩来去做过讲演。周恩来讲了两个多小时,强调各界一致团结对外,反对西太后的"宁赠友邦,勿予家奴"的思想,号召有人出人、有钱出钱、有枪出枪。徐向前则利用同乡关系到阎锡山的机关里去做过讲演,还到太原教育公会自省堂给平津流亡学生讲过话,还会见过一些开明士绅和新闻记者。

由于周恩来、徐向前等人卓有成效的工作,八路军得以顺利开赴山西抗日前线。徐向前则更领略了周恩来高超的谈判艺术。

逆境情愈浓

新中国成立后,日理万机的周总理,从不忽略关心他人的每一个细节。1950年,徐向前生病未愈。有一天,他去中南海参加会议。去了后坐在会议厅的后排,周总理进来后,扫视了一下会场,指着身边一张空着的沙发说:"向前同志,你是病人,来,换个座位!"在场的人都为总理无微不至地关怀别人而深深感动。

1951年,徐向前身体刚刚恢复,就肩负着毛主席和周总理的重托,率兵工代表团访问苏联，商谈抗美援朝急需武器装备的订货和建设我国兵工工业问题。代表团的工作日程都报告周总理，再由总理报告毛主席。徐向前在莫斯科经过4个月的艰苦谈判，圆满完成了中央赋予的任务。

10月，徐向前结束了苏联之行，率代表团由莫斯科回国，11月6日，进入满洲里，在列车上举行酒会，庆祝十月革命节。由于长时间疲劳，徐向前感冒发烧，肋膜炎复发，住进了长春空军医院。周总理得知后，当即派卫生部副部长傅连暲率医疗组乘专机到长春，将徐向前接回北京医院治疗。

一个人在危难的时候，更感到友谊的重要。徐向前忘不了"文化大革命"的艰难岁月，忘不了周总理的关怀和爱护。1967年1月，徐向前由毛主席提名，出任全军文革小组组长。徐向前深感实难胜任，几次恳辞不准，只好硬着头皮上阵。1月11日，周总理在全军文革小组名单上批示："军委通过，中央批准。"徐向前走马上任，面对造反派无休止的纠缠，常常发火，头疼症也频繁发作。周总理关怀徐向前，对他说："和他们（指造反派）打交道，你要掌握8个字，就是'多听少说，多问少答'。"

徐向前上任1个多月，就惹出了"大闹京西宾馆"和"大闹怀仁堂"事件，与林彪、江青一伙进行了针锋相对的斗争。先是在京西宾馆军委碰头会上，徐向前、聂荣臻、叶剑英3位老帅为稳定军队问题同江青、陈伯达、康生、姚文元等展开了激烈争论。后来江青一伙搞突然袭击，批判萧华。为此，徐向前和叶剑英拍了桌子，徐帅的茶杯盖摔到了地上，叶帅拍伤了手骨。1967年2月9日，在周总理主持的研究"抓革命，促生产"的会上，徐向前和陈伯达为刘志坚问题吵了起来，徐向前坚决反对陈伯达关于刘志坚是叛徒的说法。11日，徐帅和叶帅又同康生、陈伯达、张春桥、姚文元等进行了针锋相对的斗争。叶剑英质问康生、陈伯达、张春桥一伙说："你们把党搞乱了，把政府搞乱了，把工厂农村搞乱了，你们还嫌不够，还一定要把军队搞乱吗？"徐帅敲着桌子，激愤地说："军队是革命的支柱嘛，你们还要不要军队？如果不要，我就不干了。"两边吵起来了，周总理只好宣布休会。2月16日，谭震林、陈毅、李先念等又把"大闹"推向了高潮。江青一伙暴跳如雷，处境不利，就恶人先告状，在毛主席那

里"奏了本"。18日毛主席召开中央政治局会议，对"三老四帅"（李富春、谭震林、李先念、陈毅、叶剑英、徐向前、聂荣臻）未予支持，使"三老四帅"感到惊愕。因为江青一伙抢先告状，周恩来总理很被动，在会上几次打圆场，并主动承担责任，但无济于事。主席发了大火，老帅们思想不通，会后集中在叶帅那里，分析形势，继续发牢骚。周总理也没有睡觉，他在思考这场惊心动魄的较量，筹划着保护老同志的良策。他主意已定，立即要通了西山叶剑英的电话，提出了三条建议：第一，要心安气静，吃好睡好，不要住院，要和他们奉陪到底；第二，要坚守阵地决不放弃。放弃阵地，就是退却、逃兵；第三，该检查的就检查，要讲点策略和斗争艺术，"你们都是身经百战的军事家，战略战术比我懂。不能匹夫之勇。这样做，并不是怕谁。过去打天下时，为了人民，可以把生死置之度外，现在为了把住人民所给的权力，受点污辱、批判，算得了什么！"老帅们仔细回味总理电话的含义，都觉得总理想得深、看得远。

毛主席批了老帅，心里也不踏实。1967年4月，他向周总理问起北边的情况，要全国人民，特别是军队，加强备战，准备打仗。善于揣度主席心理的周恩来，将早已想好的意见面陈毛主席。他说："四位老帅和三位副总理，都做了深刻的检讨，感到对不起主席……"毛主席说："他们能认错就好嘛！我并没有打倒他们的意思，只想狠狠地批评他们一顿，让他们改变对'文化大革命'的态度，不要成为'文化大革命'的绊脚石……"周总理巧妙地缓解了主席和老帅们的矛盾。周总理趁热打铁，带领"三老四帅"到中南海看望毛主席。一走进毛主席的客厅，毛主席微笑着，站了起来，主动地和李富春、谭震林、李先念、叶剑英、陈毅、徐向前、聂荣臻等一一握手。一阵寒暄问候之后，老帅们当面向毛主席检讨。毛主席说："这些问题，不必再提了，梁山泊的好汉，不打不相识嘛！中央文革不想打倒你们，红卫兵不想打倒你们。你们犯了错误，我的心情也很沉重……"并告诫老帅们不要背包袱。主席的话，算是为"三老四帅"解了围，徐向前心里感慨地说："总理用心良苦啊！"

见主席高兴，周恩来不失时机地请示毛主席："明天是'五一'节联欢晚会，你看谁应该参加？"毛主席笑着说："你开个名单吧！"然后又转向"三老四帅":"没有你们陪着我上天安门,我不成了光杆儿司令啦!"

周恩来以他那聪颖的智慧和高超的斗争艺术,尽力保护着党的高级领导干部。

"三老四帅"的公开亮相,激怒了林彪、江青一伙,加紧了他们迫害老帅们的步伐。他们把怀仁堂事件诬蔑为反党事件,诬蔑为"二月逆流"。徐向前作为打头炮的人,连连受到批判,三次被抄家。

1967年武汉发生"七·二〇"事件后,徐向前又被诬蔑为武汉事件的"黑后台"、陈再道的"黑后台"。7月29日,清华大学造反派抄了徐向前的家。强行拿走了文件、书信和照片。周总理闻讯后立即批示:(一)所进人员全部撤走;(二)保证徐向前及其家属子女和工作人员的安全;(三)东西一件不准拿走,已抢走的文件柜和材料,责成卫戍区到清华大学全部追回。由于周总理这三条指示,徐向前的家属和工作人员才从危难中得到解脱,被抄走的文件、资料和信件,才陆续找了回来。

1967年的"八一"建军节,是人民解放军建军40周年。作为人民解放军的元帅,希望出席纪念建军节的招待会,借此机会看一看危难中的战友。可是会不会要他这个"犯了方向路线错误"的"二月逆流"中的成员到会呢?徐向前在想。而周总理正在为元帅们出席招待会和林彪、江青一伙进行斗争。7月31日,出席招待会的名单,讨论了一下午,争论不休,林彪、江青一伙持反对态度。周总理只好请示毛泽东主席最后决定。周总理请叶剑英通知徐向前,做出席招待会的准备。叶帅还带着理发员为徐帅理了发。刚刚理好发,周总理打来电话说,毛主席指示,今天的招待会,朱德要出席,徐向前要出席,韩先楚也要出席。为了避免发生意外,周总理还亲自布置有关部门,选定了徐向前从西山到人民大会堂的行车路线,并对沿线布置了警卫。

徐向前乘车离开住处后,周总理又亲自打电话问黄杰:"徐帅走了没有?"听到总理亲切的声音,黄杰竟激动得说不出话来,只报告说:"已经走了……"就再也没有说下去了。周总理理解黄杰的心情,安慰她说:"你和徐帅要保重啊!"

周总理又亲自到大会堂门口迎接徐向前。在困难的时刻,周总理为徐向前夫妇送来了温暖。他们终生难忘。

林彪、江青一伙对老帅们的批判步步升级。中共八届十二中全会又掀起了高潮。黄永胜在总参谋部布置批判几位老帅，并发动老帅们办公室的工作人员，组织揭发批判，要求和老帅划清界限。徐向前办公室党支部写了报告，请示批判徐向前和他的夫人黄杰，周总理看到报告后批示："不要搞得过于紧张。"并当即转呈毛主席。1969年1月3日，毛泽东亲笔作了批示："所有与'二月逆流'有关的老同志及其家属都不要批判，要和他们搞好关系。"周总理及毛主席的批示，再一次挽救了徐向前。

1969年，老帅们被赶到"六厂二校"、"蹲点"，接受"工人阶级再教育"。为保护老帅，周总理花费了许多心思。总理根据毛主席的指示，让陈毅、徐向前、聂荣臻、叶剑英四位老帅成立一个"国际形势研究组"。每周在中南海紫光阁开一次讨论会。这样，老帅们有了聚会的机会。他们坐在一起，谈笑风生，忘却了对他们的种种指责。老帅们以丰富的经验和高瞻远瞩的胸怀，分析研究世界局势，写出了《对国际战争形势的分析》和《从世界森林中看一棵珍宝树》等报告。

林彪自我爆炸后，徐向前从疏散地开封返回北京。从1972到1974年，他根据周总理的指示，承担了接待西哈努克亲王的任务。1973年11月2日徐向前和黄杰专程到广州迎接西哈努克亲王的母亲哥沙曼王后。周总理在北京车站迎接。周总理远远地看到黄杰，问身边的人："那个妇女是谁？"工作人员说："是徐帅的夫人黄杰。"总理听后哈哈大笑，他说："一家人不认识一家人啦。"据总理身边的人说，周总理很长时间没有这样笑过了。他从1972年就发现患有癌症，又在政治局会议上受到批评。毛泽东认为周恩来在与美国国务卿基辛格的会谈中犯了右的错误。主席的不满，江青一伙的捣乱，国家处在"文化大革命"的混乱局面之中，周恩来怎能真正愉快啊！无休止的工作，耗尽了周恩来的精力，心中有说不尽的苦衷。可是谁又能为他分忧呢？

1973年5月徐向前受周总理委托，作为中华人民共和国特使，出访斯里兰卡，出席中国援建的班达拉奈克国际会议大厦落成典礼。7月，又根据周总理指示，率高级军事代表团访问阿尔巴尼亚，表达了加强团结，维护中阿友谊的愿望。还协助总理接待一些国家来访的元首。"总理太累了,"徐向前这样想,"能为总理分担的,就尽力分担吧!"

(李而炳)

"你是政治部主任,打仗需要你……"
——徐向前和胡耀邦

  1948年夏季,徐向前指挥的晋中战役刚刚胜利结束,胡耀邦被调任华北野战军第一兵团政治部主任,协助徐向前工作。徐向前说:胡耀邦这个同志朝气蓬勃,工作热情,积极性特别高。胡耀邦一上任便组建政治机关,同时创办《人民子弟兵》报。当时,徐向前的身体很差,晋中战役时,他是坐着担架指挥的。兵团党委决定,徐向前同志晋中战役总结大会开过之后,即回后方休养一段时间。因此,攻打太原的政治准备工作,由胡耀邦承担下来。他根据兵团《关于攻取太原准备工作的指示》,主持召开了全兵团的政治工作会议。会议除贯彻执行党中央加强党委领导,克服无政府无纪律状态,加强请示报告制度的决定外,着重部署了关于攻打太原的有关政治工作,胡耀邦认为这是前线部队工作的当务之急。当时兵员枯竭,只好把一大批俘虏编入部队。因此,他在政治工作会议上,特别强调改造俘虏(又称解放战士)和巩固部队的重要性。以强有力的思想政治工作,保证攻打太原战役任务的胜利完成。

  胡耀邦始终保持军队政治工作领导者的作风,深入实际,深入连队,了解情况,解决问题。

  胡耀邦不愧是徐向前的得力助手。太原战役发起前的第13天(1948年10月2日)敌方出动7个师的兵力,向太原城南人民解放军控制的地域进犯。目的是想扩大其统治区,解决太原守军的粮食和兵员问题。前线突然出现这一紧急情况,前线指挥周士弟、陈漫远和胡耀邦立即向中央军委和在后方休息的徐向前作了报告。徐向前当即指出，敌人走出碉堡林立的城防工事，不正是在运动中歼灭敌军的大好时机吗？于是，中央军委批准太原战役提前发起。

这一情况的出现，就意味着部队要从练兵场上拉回来，立即投入作战，为此，胡耀邦向前线各参战部队发出紧急政治动员令，号召英勇战斗的全体指战员，立即投入攻打太原的战斗！

战斗打响后，胡耀邦把《人民子弟兵》报送到前沿阵地上，并在阵地前沿做宣传鼓动讲话。他说："不拿下敌人四大要点，誓不罢休。"胡耀邦常对徐向前说："你是太原前线党的前委书记，前线司令员兼政治委员，军事的、政治的全面负责的工作担子，就够你挑的了。你的身体又不好，我们年轻，身强力壮，有些事情，我们去做好了。"胡耀邦和徐向前在太原前线就是这样密切配合、紧张而有序地工作的。徐向前深为有胡耀邦这样的同志做他的政治部主任而感到欣慰。

鉴于中国共产党与阎锡山在抗日战争时期，有过一段共同坚持抗战的历史。毛泽东和徐向前，都在做争取阎锡山的工作。毛泽东曾派王世英到太原前线去，要他与徐向前商量，可否持他的亲笔信进太原直接与阎锡山会晤。徐向前经过一番思考，认为阎锡山虽然损兵折将、孤军无援、防守死城，但他并不认输，妄想依托堡垒抵抗，苟延残喘。因此，进了太原城，可能有进无回。

"那你说咋办？"王世英向徐向前要主张。

徐向前说："这样吧，咱们还是放长线，军事攻击与政治争取相结合。兵团成立一个对敌斗争委员会，由你王世英和胡耀邦两人负责，做组织对敌宣传、政治瓦解和政治争取方面的工作。同时，我徐向前先给阎锡山写封信，送进城去交给阎锡山试探试探。"

"这封信，谁去送呢？"王世英、胡耀邦有些焦急地问。

徐向前笑了笑说："前几天，有个80多岁的老秀才，他是阎锡山的先生，对我说，愿为太原和平解放尽力，我打算，请这位老先生进城去见阎锡山……"

徐向前和胡耀邦为争取和平解决太原问题，可真是下了一番工夫！

徐向前早在晋中战役快要结束时，便在战地接待了被俘的阎锡山的将领，他的五台同乡赵承绶。徐向前和胡耀邦动员赵承绶立功赎罪，希望他能为山西老百姓做些有益的事。原来，徐向前在后方休养的时候，他交代社会部，通过上海地下党组织，竟把赵承绶在上海的女婿、女儿接出，送到华北解放区来了。由徐向前的妻子黄杰，陪送赵承绶的孩子来到太原前线，使赵承绶父女相会。太原战役中，赵承绶在阵地前沿做策反工作，使太原城内四大重点阵地守敌之一赵瑞率部举行战场起义，动摇了整个太原的敌人城防。

赵瑞率部起义后，徐向前派胡耀邦亲赴起义军集结地去做赵瑞、赵承绶和杨诚的工作。因为这个工作做的好坏，直接关系着阎军内部的"土崩瓦解"。胡耀邦宣布：赵瑞起义军，决定改编为中国人民解放军华北野战军第一兵团独立第一支队。任命赵瑞为支队司令员，韩培义为支队政治委员。又当着杨诚的面儿，发给赵瑞冀南票币500万元以资奖励。杨诚曾回忆说："胡主任以平易近人、和蔼真诚的态度，勉励我们好好学习，自我改造，继续为解放太原贡献力量。使我们深受感动。"

太原战役是场硬仗，蒋介石把他在陕北战场的第三十军空运增援防守太原。在战役发起之前，徐向前了解到，蒋军第三十军军长黄樵松，抗日战争中是个有民族气节的将军，他指挥部队英勇抗击敌寇。黄樵松和邯郸起义将领高树勋是部属关系。于是，徐向前在后方养病中，找高树勋谈话，高树勋也很愿意来太原前线，设法与黄樵松取得联系，动员其脱离国民党，弃暗投明，率部起义。

果然，黄樵松派出他的谍报队队长王震宇（又名王正中）联络举义。徐向前指示，在八纵司令部接谈。连夜派出高树勋，又以胡耀邦为徐向前的全权代表前来八纵司令部，与黄樵松的联络代表会晤谈判。谈判中，王震宇提出："为举义成功，请贵军派出联络代表与我同时入城协助。"

事关大局，胡耀邦与徐向前直接通了电话，汇报了商谈情况。他说："已向黄樵松的联络代表商定一个可行方案，黄（樵松）部拟交出该部防守的东门和北门，接应我军入城解决阎锡山。然后，黄部撤出城外指定地域接受改编。但我方急需派一名代表入城协助，并与太原前线司令部保持通信联络。"

胡耀邦接着说:"现在的问题是,派谁入太原城?"没等徐向前回答,胡耀邦自告奋勇,说:"徐司令,那就我亲自入城协助黄樵松举义吧?"

徐向前严肃而又十分关切地回答:"你是政治部主任,打仗需要你,不能去!况且,那里面的情况还没搞确实,胡,你去不得呀!还是另外派个人去吧。"

徐向前当机立断,派八纵队参谋处处长晋夫,作为我军联络代表,持徐向前致黄樵松的信,与黄樵松的联络代表王震宇一同进入太原城。

黄樵松的太原起义计划,由于被其二十七师师长戴炳南出卖,阎锡山诱捕了黄樵松,双方联络代表王震宇和晋夫也被逮捕。阎锡山把他们用飞机押送南京,交蒋介石军法处决。黄樵松、晋夫英勇就义。

建国以后,徐向前和胡耀邦的交往就更多了,记得有这样一件事,那是在十多年以前,由王新亭主持撰写和编辑出版《在徐帅指挥下》一书。出版计划送到时任党中央总书记胡耀邦的手里,他立即打电话说:只要是编辑出版颂扬以徐帅为首的华北第一兵团全体指战员的,我都积极支持。并为本书题写书名。《在徐帅指挥下》一书,由于得到胡耀邦同志的支持,用了不到一年的时间,便和广大读者见面了,使徐向前元帅的光辉业绩在人民群众中广为传颂。

(乔希章)

志同道合　生死相依
——徐向前和李先念

1990年11月6日,超美洲豹直升机载着徐向前元帅的骨灰,在河西走廊上空缓缓西行。蜿蜒起伏的群山,浩瀚无垠的大漠,肃立含悲,一阵秋风乍起,卷起片片霜叶,仿佛平地上站立起千万个英灵,迎接他们的总指挥——徐向前元帅回到了他的浴血征战地。

时隔1年零4个月,超美洲豹直升机又载着李先念主席的骨灰来到这里,与徐向前元帅同穴,与西路军的烈士们共眠。

从一条道上走来,又从一条道上离去,患难与共、生死相依,这就是徐向前和李先念的友谊。

1990年6月29日,徐向前元帅病情危重,李先念闻讯急忙赶到医院探望。徐帅听说先念来了,示意把他请到床前,郑重地讲了三条遗言:"我的遗嘱有三条,一是不搞向遗体告别仪式;二是不开追悼会;三是把我的骨灰撒到大别山、大巴山、河西走廊和太行山。"李先念望着行将离去的老战友,心情十分难过,情不自禁地对工作人员说:"我也是这三条。"这成了他们最后的诀别,成了他们最后的约定。

徐帅和先念同志相识于1929年。徐向前由中央派到鄂东北,任红三十一师副师长,时年28岁。木匠出身的李先念先在三十一师第五大队任副班长,后到他的家乡红安县高桥区任区委书记和苏维埃政府主席,年仅20岁。黄埔军校出身的徐向前,又经过广州起义、海陆丰的斗争,军事上日臻成熟。他率领这支300余人的队伍,避强击弱、声东击西,与敌周旋。连续粉碎了敌人对鄂东北的三次"会剿",即"罗(霖)李(克邦)会剿"、"徐(源泉)夏(斗寅)会剿"和"鄂豫会剿",队伍不断发展壮大。李先念先参加反敌"会剿",又在家乡建立农会,处决反动地主,神出鬼没,闹得很红火。1931年10月,李先念率领陂安南县300余名青年加入红军,并任红十一师三十三团政治委员。从此后,他们共同高举起武装斗争的红旗,为创建鄂豫皖和川陕两大革命根据地,为发展壮大红四方面军作出了巨大贡献。徐向前器重李先念,赏识他的才华。不仅在紧急关头委以重任,危难之时也常同他商量。李先念很快从团政委升任师政委、军政委。李先念尊重、拥护徐向前总指挥,把他视为红四方面军的一面光辉旗帜。他所率领的红三十军,成为红四方面军英勇善战的主力部队。他们共同分享过胜利的喜悦,也承受过失败的痛苦。经过战争的锤炼,他们的友谊炉火纯青。

1932年10月,蒋介石纠集26个师5个旅30万人,另有4个航空队,

向鄂豫皖革命根据地发动了第四次大规模"围剿"。在敌众我寡的形势下，张国焘利令智昏，错误地估计形势，与敌死打硬拼，把方面军推向了危险的境地。红十一师政委李先念率部在冯寿二、七里坪、胡山寨与敌激战，重创敌军，为红四方面军跳出敌人的包围圈作出了重大贡献。撤出根据地时，徐向前和李先念默默地站在铁路边，任凭雨水浇灌，回目望着亲手建立、曾经养育过红军，现已是遍地疮痍的根据地，脸上流下的不知是雨水还是泪水。

红四方面军的西征，是一次无后方依托、无群众基础的艰苦长征。方面军主力遭敌前堵后追，屡历险境，迭遭危难。在枣阳新集之战中，红军受敌三面包围，方面军总指挥部被突进之敌逼近。徐向前身边只有机关人员和警卫、通信部队共300来人。在这千钧一发的时刻，李先念率部驰援，将敌击退，使方面军总部化险为夷。在西安以南的子午镇，担负方面军后卫任务的红十一师被敌人截断。李先念指挥部队顽强奋战，身上两处负伤。徐向前来到十一师，对李先念说："你先跟部队走吧，后面我来指挥。"

1933年5月，川陕革命根据地的反三路围攻到了关键时刻，方面军总部决定在空山坝进行反攻。徐向前总指挥把反攻先头部队的任务交给了十一师三十三团。李先念率部从空山坝以北的深山老林中披荆斩棘，冒雨开路，插敌侧后，断敌退路。然后突然向敌发起进攻，打乱了敌人的阵脚，为方面军部队的全线反攻立了头功。战后，受到方面军总部的表彰。在川陕根据地长达10个月的反六路围攻中，在选择反攻突破口、追击方向、深迂回还是浅迂回问题上，徐向前与张国焘发生了三次争论，李先念坚决支持徐总指挥的意见。开始，徐向前在东线、李先念在西线协助王树声指挥作战。东线取得了万源保卫战的决定性胜利。但由于张国焘在追击方向上固执己见，干扰指挥，因而未能大量歼灭敌人。徐向前又来到西线，决定搞大纵深迂回，吃掉敌人主力。张国焘却坚持浅迂回。这一次徐总指挥横下一条心，不听张国焘的瞎指挥，并说："那是抓兔子尾巴，抓不住的，这回就是犯错误也不听他的，打完仗再说，我负责！"李先念坚决支持徐总的正确决断，说："我们听总指挥的命令。"徐总指挥当即命令三十军等部队从巴中轻装疾进，日夜兼程，终于先敌一步抢占黄猫垭要隘，堵住了敌人的退路。李先念指挥部队与敌反复冲杀，白刃格斗，经一昼夜激战，敌全部就歼。此役共歼敌1万余人。徐向前和李先念顶了张国焘，在张国焘家长式的统治下，是担了很大风险的。因为打了大胜仗，张国焘才无话可说。

为冲破蒋介石的"川陕会剿"，迎接红一方面军北上，1935年3月下旬，红四方面军发起了强渡嘉陵江战役。李先念率领的红三十军担任渡江主力，总指挥徐向前也来到三十军。在徐向前、李先念的精心组织下，红三十军八十八师在塔子山秘密渡江成功，抢占制高点，为大部队陆续跟进创造了条件。部队到达岷江地区后，李先念又受命率领三十军八十八师和九军二十五师、二十七师各一部，向小金川地区疾进，迎接党中央和红一方面军北上。行前，徐向前和李先念深夜交谈，详细分析了川西北的敌情，建议中央实行川陕甘计划。李先念率部在小金川地区扫清敌人，筹集物资，为党中央和红一方面军的北上准备了一个立脚点。随后，徐向前又派人给李先念送去两幅地图转交中央。中央听取李先念汇报后，提出的作战方针，基本上与川陕甘计划一致。长征路上，张国焘搞分裂，李先念坚决支持徐向前同张国焘的分裂主义作斗争。他们支持朱德、刘伯承同志，并尽己所能，关心照顾他们的生活。在红四方面军从草地南下的路上，两位老战友坐在一个小土堆上休息。徐向前说："我就是不明白，红军和红军闹个什么劲？"对张国焘分裂党、分裂红军的做法极为不满。李先念也有同感，共同表示，要尽力维护中央和红军的团结。

西路军，在徐向前和李先念的历史上，写下了难以忘却的一页。为执行宁夏战役计划，中央军委命令红四方面军一部西渡黄河。红三十军又一次承担了造船、先行渡河的任务。那一天黄昏，徐向前总指挥把三十军政委李先念找来，传达了中央军委的命令。李先念接受了任务，饭也没有吃就走了。徐向前说："吃了饭再走吧！"李先念说："不了，时间紧迫。"三十军不负所望，在虎豹口抢渡成功，为后续部队开辟了前进道路。由于河东形势的变化，中央和军委决定中止执行《宁夏战役计划》。过河部队组成西路军军政委员会，陈昌浩为主席，徐向前为副主席，李先念为军政委员会委员。西路军两万一千余人血战河西走廊，作出了重大牺牲，但吸引了10万敌军西向，有力地策应了河东红军的战略行动。随着河东形势的变化，西路军的任务也多变。他们时而奉命西进，时而奉命东返，时而又奉命就地建立根据地。在马家军腹地，与敌反复拼杀。子弹打完了用大刀砍，大刀砍弯了用石头砸，赤手空拳与敌肉搏，最后，弹尽粮绝，惨遭失败。在康龙寺石窝召开的最后一次西路军军政委员会会议上，决定徐、陈离开部队回延安，向党中央汇报。徐向前舍不得离开自己心爱的部队，李先念也不想让徐总指挥离开。最后，陈昌浩强行作出决定。西路军成立工作委员会，由李先念负责军事工作，李卓然负责政治工作。部队分三路分散游击。李先念所带的一路忍饥熬寒，忍受了常人难以忍受的艰难困苦，终于穿过荒无人烟的戈壁滩，到达新疆，受到了党中央代表陈云、滕代远同志的迎接。毛泽东高度赞扬李先念在西路军建树的功绩，说李先念是将军不下马的。徐向前也说："李先念同志受命于危难时刻，处变不惊，为党保存了一批战斗骨干，是很了不起的。"

抗日战争时期，徐向前任一二九师副师长来到太行山区，李先念则受命回到中原，任鄂豫边区党委军事部长。直到解放战争，他们驰骋在南北战场上，为拯救中华民族的危亡，为中国人民的解放，携手战斗。

岁月的流逝，没有冲淡两位革命家的诚挚友谊。我在徐帅身边工作的日子里体会尤深。几十年来，他们肝胆相照、情同手足。无论地位怎么变化，李先念始终把徐向前视为自己的老上级、老领导，他常常对人说："我一生有两个老师，一个是徐帅，教会我打仗，一个是陈云，教会我管经济。"先念经常来看望徐帅，每逢党和国家遇到重大问题时，常常是先念受中央委托来征求徐帅的意见。他们彼此信任，视为知己，无话不谈。1983年，先念受邓小平同志的委托，撰写了《关于西路军历史上几个问题的说明》，需要征求徐帅的意见，但先念腰坏了，起不了床，徐帅对前来汇报的先念的秘书说："我和先念几十年了，我去看他，他躺在床上也没关系。"徐帅去了，先念坚持起床迎接他。一见面，先念诙谐地说："你看，你拄了拐棍，我也拄了拐棍。"两位老人笑了，笑得那么亲切，笑得那么畅快。

"文化大革命"中，徐向前和李先念不顾个人安危，与其他老同志一起，同林彪、"四人帮"的倒行逆施进行了坚决的斗争，同时被诬为"二月逆流"的成员。在中央碰头会上，徐向前拍案而起，质问陈伯达："刘志坚的情况我了解，你凭什么定他为叛徒？"还针对陈伯达说要保徐向前的话说："谁要你保，我有什么要你保的？"又说："军队是无产阶级专政的柱石，军队这样乱下去，还要不要支柱？如果不要，我们这些人干脆回家种地去！"在另一次中央碰头会上，李先念斥责"四人帮"一伙说："现在是全国范围的大逼供信。联动怎么是反动组织哩，十七八岁的娃娃，是反革命吗？"还说："就是从红旗13期社论开始，那样大规模在群众中进行两条路线斗争，还有什么大串联，老干部统统被打掉了。"徐向前和李先念与其他老一辈无产阶级革命家一起，大义凛然，谱写了一曲力挽狂澜的正气歌。

1989年5月22日，李先念受邓小平同志的委托，向徐向前同志通报情况，征求意见。徐向前和李先念旗帜鲜明地支持邓小平同志关于制止动乱的英明决策。

作为红四方面军的创建者和领导人，他们共同领导了《红四方面军战史》的修改工作。他们多次接见红四方面军战史修改领导小组的同志。徐帅关于"正确的保留，错误的修改，不足的补上，多余的删去"和李先念同志关于"坚持历史唯物主义，坚持实事求是"的指示，成为红四方面军战史修改的指导原则。晚年，他们十分关心西路军问题，在他们的共同关心下，国务院民政部和总政治部研究解决了西路军流落人员的生活补助问题，使这些流落红军晚年有所依靠。徐帅在他的回忆录《历史的回顾》中，详尽地阐述了西路军的过程，提供了一个当事人的历史见证。李先念同志则在1983年写出了《关于西路军历史上几个问题的说明》，并经中央常委批示。在党中央特别是邓小平、陈云同志的关怀下，终于作出了西路军西渡黄河和血战河西走廊是执行中央命令的结论。这一实事求是的结论是对2万多西路军英雄儿女的告慰。徐向前、李先念如释重负，感到莫大欣慰。

徐帅去世后，李先念饱含对徐帅的无限深情，撰写了《沉痛悼念徐向前元帅》的文章。文章全面阐述了徐向前元帅光辉的一生，字里行间表达了对老帅的思念、崇敬之情。他动情地写道："一个具有坚定共产主义信念、百折不挠、战斗不息的忠诚的马克思主义者，一个大智大勇、慎思笃行、擘画军事、驾驭战争的能手，一个坦荡无私、刚毅木讷、顾全大局、谦虚谨慎、廉洁奉公的人民的公仆——这就是我在半个多世纪的斗争岁月里、深切了解的向前同志。"

徐向前和李先念携手走过了60余年的革命生涯。作为中国革命的第一代领导人，他们为人民共和国的建立与发展立下了不朽的功勋；他们的军事思想和军事实践，成为毛泽东军事思想的重要组成部分；他们坚强的党性，光明磊落的品质，成为全党学习的榜样。在几十年的交往中，他们志同道合、心心相印。他们的友谊经受了危难的考验、生死的考验、政治风浪的考验。两位革命家共系党的事业，共商治国安邦大计，堂堂正正，没有半点庸俗的东西。他们的友谊成为共产党人处理人际关系的楷模！

(李而炳)

军事家在长征途中的奇遇
——徐向前和彭德怀

谁会想到，徐向前与彭德怀两位著名的革命家、军事家，头一次见面，竟是那么离奇和有趣。他们在万里长征路上相逢，又借助原始的通讯方法，互通姓名；再利用古老的交通工具渡河，两只手才紧紧相握。

1935年6月，中央红军、红四方面军，长征都来到川西北荒无人烟的地区。中央红军为即将会师高兴；红四方面军为要见到老大哥红军欢呼：

"中央红军上来了！"

"红军老大哥来了！"

根据总指挥部的命令，上上下下，日夜忙碌着。为了迎接来自远方的红军老大哥，战士们捐口粮、捻毛线、织毛袜、打草鞋。徐向前日夜守着电台，等待着中央的电报。6月12日，他代表红四方面军领导人，亲笔起草了电报，写下这话：

"……以十二万分的热忱，欢迎百战百胜的中央红军！……"

路边大石头上，藏民住的牛屎房前，贴着"欢迎中央红军"的标语。李先念亲自率领红三十军的队伍，翻过梦笔山，赶到懋功、达维一带，迎接党中央，迎接中央红军。

在这两军会合的喜庆中，徐向前细心看每封电报，多次下达指示：随时与中央红军保持好电台的联络。这一夜他刚睡下，译电员跑来，把一份刚刚译出的电报交给他。电文中写着：中央红军三军团军团长彭德怀到了理番。

徐向前高兴万分。他早就听说，在井冈山上有个朱德、毛泽东和彭德怀；在江西中央苏区，又有"朱、毛、彭、黄"。这几位，从来没机会见到，只是闻名敬佩。现在，彭德怀同志来到近前，一定亲自去迎接。

电报中约定好会面的地点。第二天一早，徐向前带领一支小队伍，飞马疾驰，来到维谷河边。滚滚的流水声，湮没了马蹄声。这条岷江支流水势凶猛，既没桥，又无船。沿河走上几里，还是不见渡口不见船。从地图上看，河不起眼；实地看四五十米宽。怎么过河？跟随着徐向前总指挥的参谋、通讯员、警卫员都焦急起来。

"这是啥人画的地图哟！坑人！"参谋人员看着地图埋怨。怨谁呢？图都是战斗中缴获的，旧地图上不准确的村名、山名、河名多着哩！

这怎么办？警卫员着急地看着对岸。

"要是能找到只小船，就好了！"有人叹息。

船的影子也没有。眼前只是一条湍急的流水。有人下水试试，冷得透骨，又不知到底多深，没办法涉水过去。

徐总指挥在战场上，越是情况紧急，反而话越少。有时子弹在身旁飞，他总是不紧不慢，手向身后挥挥，说声："讨厌！讨厌！"如今眼看过不得河去，他在河边来回踱着，又习惯地说："讨厌！讨厌！"

河对岸，隐隐出现了一支骑马的红军队伍。这队伍由远而近，飞奔到河边。从望远镜看去,他们一样心急,一样望水兴叹。河这边挥手,河对岸挥手。河这边喊叫,河那边喊叫。声音被河水吼声吞没。隔河相望,谁也叫不应谁,谁也听不清对方说的什么,更不要说看清、认准谁是谁了。

从望远镜看,河对岸一队人中,一位身材不高、体格健壮、头戴斗笠的人,向徐向前频频招手。徐总凭着敏锐的判断力,认定那位戴斗笠的人是彭德怀军团长。突然,河对岸一个战士玩跳绳似的,扯着一根绳子,在空中转了几圈,一只燕儿似的拖着条小尾巴,穿过奔流的河水,"飞"了过来落在地上。河这岸的人,拾起来一看,原来那"飞燕"是块小石头,"尾巴"是条小绳。石头上捆着纸条。警卫员忙把纸条收起,送给徐向前总指挥。纸条上写着:

我带三军团之一部,在此迎接你们。

彭德怀

徐向前拿着纸条,眉头舒展,高兴地笑着向对岸挥手。参谋、警卫员、通讯员欣喜若狂。"鸿雁传书"的故事,他们听说过,小石头传书,还是头一次见到!不知这是什么人创造。

"好办法!"徐总指挥说着,随手在笔记本上撕下一页纸,写上一句:

我是徐向前,很想见到你!

那块拴着绳的小石头,带着徐向前写的纸条,又像燕儿似的,"飞"了过去……

河两岸,一片呼笑。招手,欢呼。这边摇手,那边挥臂,此时此刻,比语言更热烈。一位来自江西,一位来自大巴山下,两位赫赫有名的红军将领,就这样"相会"了。奔流翻滚的维谷河,在他们脚下,好像也在欢歌。

千山万水,挡不住红军,一条小小的河流,怎拦得着相会的心?电话员泅水过去,把一条连接两岸的电话线架通。电话里传着两个声音:

"彭军团长，你们辛苦了！"

"徐总指挥，你们辛苦了！"

"这条小河，真讨厌啊！"

"是啊，有些讨厌！"

……

在电话中徐向前和彭德怀相互问候着，亲切地交谈着。这比来往甩小石头通信，更能表达相互的心情了。他们虽然是第一次通话，谁都不知谁的模样，却是一见如故，有说不尽的话。这些年，中央红军和红四方面军，虽是远隔几千里，但是，它们为着一个共同的目标战斗着。远隔几千里，共同唱着《国际歌》！

徐向前和彭德怀在电话中约定了：明天，在维谷河上游一个名叫赤念的渡口相见。地图上标着，那边有一座铁索桥。

漫长的夜，两位红军将领在想什么，谁也不知道。王明"左"倾路线的错误和张国焘的错误，致使中央红军离开了江西，使四方面军脱离了通南巴苏区。现在红军正在艰苦的路上，彭德怀和徐向前有一个共同的信念，那是肯定的：两军要团结一致，共同打出一个新的局面！

第二天，两位红军领导人，几乎是同时来到赤念渡口。维谷河还是切断了路，这儿仍没有通行的桥，有座铁索桥是不错，早已被敌人破坏了。河面上，只横着一条溜索，吊着只用竹条编的筐子。附近的老百姓过河，都是坐在筐子里，攀着绳索，慢慢地溜来溜去。参谋人员正有些失望，徐向前总指挥坐进了竹筐。他要溜过去呀！

"不行啊，危险！"有人叫。

"总指挥！你过不去！"警卫员要拦阻。

"不行啊……"

从来不畏难不怕险的徐向前，一个人坐在竹筐里，两手向前攀着。他是那么稳重，又像很熟练，很快溜到了河上空。咆哮的维谷河，在他的脚下奔流。跟随徐总指挥的人员，瞪大眼，看着总指挥的背影。对岸，彭德怀军团长和随行人员，都不知溜过去的是什么人。

徐总指挥稳稳地溜到了对岸。他从竹筐里跳出来，上前握住了彭德怀军团长的手。顿时，两只有力的手，紧紧握在一起。

"徐总指挥，你坐过这玩意儿？"彭德怀军团长笑着说。

"是头一次，"徐向前微笑着，"这东西，挺有意思呢！"

"真叫人担心！"

"是啊，刚坐进去，有点心慌，溜几下就觉得有意思了。"

彭德怀和徐向前，肩并着肩，沿着河岸边漫步走着、谈着。太阳高高地照着维谷河，河水泛起浪花，奔流不息。它像是在唱一支赞美的歌。

两支红军相会，两军的领导人相见。红四方面军的战士把粮食、毛袜、衣物，送给不远万里而来的中央红军。两军派出代表，互相参观、慰问。球队比赛、文工团共同登台演出。在这难忘的时刻，毛泽东主席代表中华苏维埃政府，把一枚五星奖章，赠给徐向前。这光辉的奖章，在两年以前就决定颁发给对红军有功的将领，只因徐向前没机会到中央去，一直留到今天。它是对徐向前的奖赏，也是两军会师的纪念。

会上，毛泽东把中央红军的将领们，一一向四方面军的领导人介绍。当介绍到彭德怀同志时，徐向前向他笑笑，他们已经在维谷河畔认识了。两个人又记起那难忘的相会……

（卞小奇）

"你还是加紧养好身体"
——徐向前和刘伯承

徐向前和刘伯承是我们人民军队中的两位元帅，他们一生中为中国人民的解放事业和社会主义建设事业立下了不朽的功勋。抗日战争时期，他们两人互敬互爱，在同志们之间留下了一段十分动人的往事。

1937年7月8日，毛泽东、朱德、彭德怀、贺龙、林彪、刘伯承、徐向前等中国共产党领导人和高级将领，就出师抗日问题联名通电蒋介石以后，中国工农红军改编为国民革命军第八路军，刘伯承任一二九师师长，徐向前任副师长。在山西抗日前线，相互配合，并肩作战。刘伯承对徐向前做他的副手总感到过意不去。刘伯承常说："按理说，这个师长应该徐向前来当。指挥打仗，他是最有办法的。我是一直在机关做参谋长工作的，徐向前才是带兵打仗的好司令。在鄂豫皖、在川陕他都是独当一面坚持武装斗争，他是红四方面军的总指挥嘛，而且的的确确打了许多漂亮仗。"徐向前则始终尊重刘伯承。他参与指挥的头一个战斗是七六九团夜袭阳明堡机场，焚毁敌人飞机24架，消灭日军百余人。这在当时是了不起的大仗，八路军威震华北。此后接连指挥了几个漂亮的战斗，特别是响堂铺战斗。当徐向前率领部队凯旋的时候，刘伯承夸奖徐向前："向前不减当年勇，不愧为红四方面军总指挥啊，这个仗，打得干净利落！"

徐向前面带微笑和刘伯承亲切地握手，对战友的夸奖从内心表示感谢！

全国解放战争进入第二个年头，蒋介石的军事战略由全面进攻改为重点进攻，以胡宗南指挥34个旅25万兵力，大举向陕北进攻，并且占领党中央首脑机关所在地延安。就在这个时候，刚刚从和平医院休养出院的徐向前，与毛泽东相见。他们互相关怀问候之后，讨论了全国的战争形势。徐向前接过毛泽东的话说道："对蒋介石这家伙，看来非和他决战到底不可了。"毛泽东点头，对徐向前的看法表示赞成。

徐向前接着提出"请战"要求："主席，我再次提出上前方，和蒋介石为首的国民党反动派再打几仗。希望党中央能批准我的请求。"

在此之前，徐向前还在和平医院病床上躺着的时候，毛泽东、周恩来曾去看他，见他床头的小本本上，画着许多的军用符号，又罗列出一大堆阿拉伯数字，小学生算算术，加加减减。有一道算术试题：$75000-35000-10000=?$ 毛泽东拿起小本子，问："向前呀，你这45岁的将帅，怎么做起一年级小学生的算术试题来了？"又指着上述那道试题追问："你这道题，计算出来，应该是个什么结果？"

徐向前回答说："抗战胜利，阎锡山由晋西进入太原以后，加上晋南、晋北，还有收编的日伪军，他的总兵力是75000来人，上党战役被消灭损失35000，今年上半年，又被陈赓消灭了他10000，那么，还剩多少？"

"噢！原来你在盘算阎锡山啦？"毛泽东说，"阎锡山可是个老滑头，不好对付哩！他一生和许多的老军阀打过交道，谁也没有斗过他，连蒋介石也让他三分！"

"阎锡山有多大本事，我知道。我有办法对付他。"徐向前接着"请战"，说："主席，让我重返太行前线，去打国民党阎锡山这股武装吧？"

"你现在的任务是安心养病，等病养好了，将来有的是仗让你打。"

这次徐向前出院后又一次"请战"。毛泽东稍加思索道："这个事，我得和恩来同志商量过后再答复你。"

此时，情况紧急，胡宗南指挥国民党军大部队正向延安攻来。还在休息的徐向前，盼望党中央早日批准他上前线带兵去打仗。

不几天后，徐向前正式接到通知：同意他上太行前线。徐向前对自己马上就要奔赴前线，感到十分高兴！他迫切希望早日与在前方的刘伯承见面，以便协助他指挥作战。

徐向前来到晋冀鲁豫军区后，军区前后方已经分开，刘邓已经不在冶陶军区，他们正在加紧训练和动员部队准备出征。因此，徐向前未能与刘伯承相见。他们之间的深情厚谊，只能通过电话来表达。在通话中，徐向前非常兴奋地对刘伯承说："我终于如愿以偿，由大后方来前方了。"刘伯承安慰他说："你还是加紧养好身体，才有本钱与国民党军对战！"

没过几天，党中央正式任命徐向前为晋冀鲁豫军区副司令员。就是说，徐向前又是晋冀鲁豫军区司令员刘伯承的副手了。徐向前对能和刘伯承一起共事，感到很高兴。在电话中，刘伯承向徐向前说出了自己的肺腑之言："中央命令你上任军区副司令员，这个命令下得好，我和邓政委将率野战军出征，后方军区正需要你这个战将，指挥少量野战军和大批游击队，坚持斗争呢。"徐向前说："刘司令知道，我的身体一直不好，多少年没有带兵打仗了，还是做你的助手，一块儿带部队出征作战吧！"刘伯承回答说："这个事，我考虑甚久，咱俩还是分开好，你在军区后方独立指挥作战，更能发挥你的军事才华！"

徐向前一上任晋冀鲁豫军区副司令员，第一件事，便和薄一波（军区副政委）商量，提出扩军15万，作为后方大本营，向出征作战的野战军输送兵员；第二件事，选择攻击敌人致命的战略目标——运城。果然，在1947年12月打下战略重镇运城。拿下运城，就有信心打下临汾。1948年春季，徐向前带病亲临临汾前线指挥作战，终于攻克临汾，有力地配合了全国解放战争。

（乔希章）

"射虎屠龙宿有志"
——徐向前和叶剑英

中国的元帅们，在革命斗争的初期，有的是分散在天南地北，为着一个共同的目标奋战；有的从革命开始就是师生、同学和战友。徐向前和叶剑英先是黄埔军校中的师生，而后成了并肩战斗的挚友。他俩的友情随着历史进展，越来越深厚。

（一）

1924年国民党在广东开办了黄埔军校。徐向前和叶剑英不约而同，来到了广州黄埔岛上。黄埔陆军军官学校，是第一次国共合作后孙中山的一个伟大创举，是孙中山在广州组建的中国革命政府第一个正规的培养革命军事人才的基地。叶剑英应廖仲恺之邀，参加这所军校筹备处的工作，直到军校正式成立，他正式受命任教授部副主任兼军事教官；徐向前这时是一位刚献身革命的青年。他于1924年4月在上海报考黄埔军校，5月初来到广州入学，编入第一期生第一队。

当时，在军校中，从领导成员、教官到学生，有不少共产党员和国民党左派分子。在校本部和教官中还有许多社会名流。叶剑英和徐向前当时虽然都不是共产党员，但他们思想激进，追随孙中山，致力于中国国民革命事业。叶剑英既管教授部事务性工作，又肩负着兵器学讲课。徐向前开始是一位普通学生，毕业留校后任入伍生队排长，是一位有志于革命的热血青年，勤奋好学，思想进步，参加了革命的"青年军人联合会"，在共产党员蒋先云组织下，积极参加与国民党右派的斗争。叶剑英和徐向前开始只是在课堂、操场上见见面，谈话都不多，可是两位年轻的战友在孙中山的旗帜下，为了一个革命目标心是相通的。他们还共同参加了1924年10月平定广州商团的叛乱和1925年讨伐陈炯明的东征作战。

中国革命胜利后，徐向前和叶剑英都成了新中国的元帅，他们多次谈起黄埔军校的学习与生活。叶剑英说："在黄埔我们少叙啊！"徐向前说："那时你在台上讲，我在台下听嘛！"徐向前深深记得，叶剑英讲的兵器课十分吸引人，不枯燥、不乏味。叶剑英记得，在黄埔军校第一队里，有位来自山西的学员叫徐向前，他操课上乘，品学兼优。

（二）

徐向前和叶剑英再次相逢，是1927年年底在广州城里。这一年，由于蒋介石、汪精卫相继背叛国民革命，发动"四·一二"、"七·一五"反革命政变，轰轰烈烈的大革命遭到失败。中国陷入黑暗的深渊。中国共产党人为了挽救革命，武装反对国民党反动派，先后领导了南昌起义、秋收起义、广州起义。叶剑英在积极策应南昌起义后，与张太雷等同志一起领导了广州起义。

广州起义前，徐向前奉党中央军委的指派，从上海潜入广州，开始在工人赤卫队中组织秘密训练，准备武装起义。工人赤卫队人数虽有3000多，但缺乏训练、缺少武器，没有实战经验。徐向前每天夜晚和工人赤卫队的骨干"纸上谈兵"，围着饭桌讲解怎么打仗，怎么利用地形。正在起义军急需一支正规武装的时候，叶剑英率领的国民革命军第四军教导团，从武汉经九江、南昌转移到了广州。被称为"赤子赤孙"的教导团，一路上受尽磨难，曾被几次改编、几次缴械，由于兼任教导团长的叶剑英积极斗争和精心策划，几经曲折，终于到达广州，又重新武装起来。

12月11日凌晨，教导团在广州城内，打响了武装起义的第一枪。在起义军连续3天3夜的苦战中，教导团始终是一支中坚力量，是工人赤卫队战士心目中的铁军。叶剑英领导的教导团和徐向前率领的工人赤卫队第六联队，在各个角落奋战，他们互相支援、密切协作。12日中午，在争夺观音山制高点的激烈战斗中，工农红军副总指挥叶剑英派红军指挥部副官陈赓率领教导团等起义部队参加战斗。在起义军寡不敌众、难以制胜的紧急关头，徐向前率工人赤卫队奉命前去增援。经过一阵激烈冲杀，打退敌人多次猖狂反扑，终于夺回了观音山阵地。但是，广州起义终因敌我力量悬殊而失败了。从此，叶剑英和徐向前又各走一方。

四十年以后的"文化大革命"中，叶剑英和徐向前在北京西山"避难"时，两位老战友一次叙旧，又说起广州起义失败的混乱情景和历史的教训。两人都情不自禁地说："广州起义是英勇壮丽的一幕，军事指挥上太缺少经验了。当时要撤退都没接到命令。"

徐向前说："我跑去指挥部，正碰上武汉军校时期我那个队的区队长朱先墀，他和六七个人正匆忙路过，说人家都走了，到黄花岗去集合。我们这才去追赶部队。"

叶剑英说："晚上我到指挥部去不见人影，只见财务部长办公桌上放满了50元、100元的票子，我转身走了。我那时傻得很，不知道带点钱在身上有用处。"

徐向前说："我比你还强点，抓了两把银毫子，装进口袋才走的。"说着两位老帅放声大笑。

（三）

徐向前和叶剑英第三次相会，是万里长征路上。

1935年夏，红军一、四方面军在川西北会师后，担任四方面军总指挥的徐向前看到一方面军兵力消耗大、老干部保存多，从大局出发，建议从一方面军抽调一批干部到四方面军工作，同时从四方面军抽调了3个团的兵力补充一方面军。使两军互相学习，取长补短，增强战斗力。党中央采纳了徐向前的建议，决定派叶剑英、李卓然等到四方面军工作。

7月21日，中央军委决定以原四方面军总指挥部为红军前敌总指挥部，徐向前兼总指挥，陈昌浩兼政治委员，叶剑英为参谋长。叶剑英接到命令后，向毛泽东、朱德、周恩来等告别，几位领导人同他作了亲切谈话。随后，他带领红军总司令部机关的10余名作战参谋和机要干部，立即从黑水出发，奔向毛儿盖。

叶剑英和徐向前从广州起义失败分开，8年后又在草地相逢，一个做前敌总指挥，一个做参谋长，真是使两位老战友喜出望外。徐向前一向少语，见到从中央派的参谋长，高兴地说："好啊，太好了，希望叶参谋长多多指导。"叶剑英说："还请总指挥多多指教。"徐向前很尊重从中央派来的干部，特别是对叶参谋长，既是他在黄埔军校的老教官，又是他参加广州起义的领导之一。徐向前处处事事，总是问问参谋长的意见。叶剑英牢记着毛泽东等中央领导人的嘱咐，十分注意团结四方面军的干部。在徐向前领导下，叶剑英抓紧实施机关的思想建设和组织建设，同时积极准备作战。

根据红军总部制定的《夏洮战役计划》，一、四方面军分编为左、右两路军。左路军在朱德、张国焘、刘伯承率领下，从卓克基出发，经阿坝北进，然后东进至班佑地区，向右路军靠拢。右路军，在徐向前、陈昌浩、叶剑英率领下，从毛儿盖出发，经班佑北上阿西，待与左路军会合后共进甘南。毛泽东和中共中央、中央军委随右路军行动。

8月下旬，右路军到达班佑地区后，叶剑英带先遣部队侦察到胡宗南第四十九师已从松潘北上，正向包座地区疾进，企图与驻守在求吉寺、钦多的敌第一师康庄团相配合，堵截红军北上。党中央决定打包座。徐向前和叶剑英当夜制订了作战计划：以红军第三十军全部和第四军一部进攻包座。8月29日，徐向前总指挥一声令下，部队总攻开始，红军向大戒寺和求吉寺发起攻击。经过两天多的激烈战斗，毙伤敌四十九师约4000余人，俘敌800余人，取得了一、四方面军会师后的重大胜利。

在共同战斗的艰难日子里，徐向前和叶剑英在军事上相互支持，在生活中又互相体贴。在过草地的时候，宿营条件极端困难的情况下，他们争着把好一点的睡铺让给对方。一次开饭，搞了点肉，正当叶参谋长不在，徐向前大叫着："你们给参谋长留点啊！"叶剑英看徐总指挥总是抽小烟袋，搞到几支烟，也要留给总指挥。

前敌总指挥部于8月末经班佑、下巴西，胜利进驻古城潘州。党中央和军委直属单位随后亦进驻潘州及其附近一带。这时，张国焘率领左路军出阿坝不远，便借口地理、气候、粮食等困难条件，就令部队返回阿坝，妄图改变北上方针。徐向前、陈昌浩和毛泽东、周恩来等从9月1日至9月8日连连致电张国焘，催促左路军出墨洼、班佑，同巴西地区的右路军会合。但张国焘一意孤行，于9月9日复电，仍坚持南下。叶剑英及时识破了张国焘企图危害和分裂党和红军的阴谋，向毛泽东作了报告。在党中央于9月10日凌晨率一、三军团单独北上时，情况混乱，四方面军中有人不明真相，打电话请示总指挥部，说："中央红军走了，还对我们放警戒，打不打？"徐向前坚决地说："哪有红军打红军的道理！叫他们听指挥，无论如何不能打！"在关键时刻徐向前的话，一字千钧，表现了一个无产阶级革命家、军事家以大局为重、以团结为重的高风亮节。史书中永远记着，叶剑英和徐向前在草地分兵中的特殊功绩。

（四）

全国胜利以后不久，徐向前和叶剑英同为人民解放军的元帅，他们在毛泽东的领导下，共同为人民解放军的革命化、正规化、现代化建设日夜操劳。徐向前和其他的几位元帅，都亲切地称叶剑英为"参座"。

"文化大革命"中，徐向前和叶剑英为维护人民解放军的安定，与林彪、江青一伙进行了长期的坚决的斗争。

1966年11月13日、29日，总政治部在工人体育场召开军队院校和文体单位来京人员大会，即两个"10万人大会"。第一次大会，陈毅、贺龙、徐向前、叶剑英4位元帅出席。他们在讲话中，互相支持，积极配合，以鲜明的观点，强调稳定军队，动员大串联中的军校人员离京返校。

老帅们对"文革"中出现的许多非正常现象和错误做法,提出了严肃批评。陈毅说:"有的同志头脑发热,给一条冷水毛巾擦擦有好处。"徐向前说:"一刻也不要忘记我们周围还存在着强大的敌人,我们必须经常保持高度警惕,不容丝毫松懈。"叶剑英说:"真理就是真理,跨过一步,就是错误,就变成了谬误。"老帅们的话,刺痛了"造反派",从此,"火烧"、"炮轰"老帅的标语铺天盖地。

1967年1月,徐向前临危受命出任全军"文革"组长。1月中旬在京西宾馆召开军委碰头会,2月上旬在怀仁堂召开中央政治局碰头会。徐向前和叶剑英在两次会议上,同其他元帅和老同志一起,拍案而起,针锋相对,与江青一伙进行了面对面的斗争。他们被诬为"大闹京西宾馆"、"大闹怀仁堂",被打成反对"文革"的"二月逆流"的"黑干将"。

叶剑英在自己处境十分艰难的情况下,忍辱负重,置个人生死于度外,同徐向前等同志以极大的耐心和克制,用各种方式同林彪、江青一伙进行巧妙的斗争。他在自己尚能利用的职权范围内,尽力维护军队的稳定,想方设法保护几位元帅和其他受冲击的同志。一次,他听到风声,"造反派"要抄徐帅的家。他一面严令保护徐帅的安全,一面亲自打电话给他,安排徐帅转移到西山去住。

1967年"八一"建军节前夕,由于林彪、"四人帮"一伙捣乱,朱德和几位受冲击的老帅,能不能出席建国40周年招待会,竟成了问题。在出不出席还没最后确定时,叶剑英亲自带着一名战士理发员,来到了徐向前的住处,向他说:"先理个发,做好出席招待会的准备。"当时叶剑英认为,这次招待会,军委的一些老同志应该出席,这不是个人的事,它关系到军队的安定与团结,关系到国内外的影响,也是向"四人帮"一伙的斗争。当毛泽东指示朱德和几位元帅都要出席的电话通知打来时,叶剑英喜形于色,十分高兴!

1977年5月,徐向前和聂荣臻、粟裕、王震等老同志聚会。在叶剑英住地,祝贺叶剑英80寿辰。在这次盛会上,大家赞誉叶剑英为中国革命,特别在粉碎"四人帮"斗争中作出的杰出贡献。徐向前特写七言律诗一首。诗曰:

吕端当愧公一筹，
导师评论早有定。
当年英，劲倍增，
八秩犹似四十前。
射虎屠龙宿有志，
二三鬼神一扫光。
千秋大业继不坠
辅佐堪作后者镜。

（张　麟　范　硕）

"我们跟着总指挥，可以放开双腿跑了"
——徐向前和徐海东

1929年，徐向前来到大别山后，先后担任了红军的代理师长、参谋长和副军长职务；两年多的光景，他领导的部队从几百人发展到几千人，他自己也被任命为红四军军长。他用机动灵活的游击战打得敌人失魂落魄。听到徐向前的名字，敌人吓得常常夜不成眠。然而，红军战士中不少新同志却还认不出这位使敌人闻风丧胆的徐军长呢。

一天，徐向前路过红军十三师三十八团驻地，想顺便去看看团长徐海东，不巧团的干部都没有在家，只有一个红军小战士抱着扫帚在扫院子。

徐军长问他："是三十八团团部吗？"

"是哩。"

"团长哪去啦？"

"不知道。"那小鬼转转眼珠嬉笑地说："我们团长是老虎脾气兔儿腿，一天到晚转悠，谁知道现在又转到啥地方去了。"

徐军长身上的军衣上总打着补丁，手里拎着个旱烟袋，说起话来低声慢语的。小鬼当然认不出他是军长，还以为是个伙夫头什么的，无拘无束地和他说着话。

军长问："小鬼，你想不想家？"

"不想。我们团长说了，大丈夫男子汉，不能围着锅台转。谁要说想家，准骂你'没出息'！"

"骂人？"

"高兴了，你骂他，喊他'臭豆腐'都不红脸；要不高兴，张口就骂。怕死、想家的人最怕他！"

"你怕吗？"

"不怕！咱不是怕死鬼！我们老虎团长，打起仗来就硬是不怕死。他常说，怕死的不要来革命，要革命的别怕死！……"

这小鬼是徐海东的勤务员。他跟徐海东的时间不久，啥事都觉得新鲜，今天碰上个人和他拉呱儿，就像说书的遇上听书的，打开了话匣子滔滔不绝。正说得高兴，军长的警卫员找来了，小鬼这才恍然大悟，眼前这个人原来是个大干部。他吓跑了。

徐海东团长晚上回到团部时，徐向前早就走了。小勤务员把那人模样一讲，徐团长猜了好一会儿也没有猜出到底是谁。

"你这鬼东西，怎么不问问他叫什么名字？"徐团长斥责着小勤务员。

"我刚想问，他的警卫员来了，我……"

"鬼东西，你和他都讲了些什么？"

"没，没有……"小勤务员支支吾吾地不敢说。

过了两天，徐海东才知道来的人是军长徐向前。他和军长只是开干部会见过几次，还没有单独谈过话哩，他真想再有个机会能在一起说说拉拉。不凑巧，那几天天天行军打仗，在一次战斗中徐海东又负了重伤，被送往深山里的后方医院养伤去了。

大别山的红军，在战火中生，在战火中壮大。1931年7月，红四军又扩编为红四方面军，军长徐向前担任了总指挥。他也常常想到那位"老虎团长"，担心着他的伤势。一天，有人告诉徐向前，"徐老虎"出山了，不过，因为他原在的三十八团有了团长，他又不愿离开老部队，于是自己要求当了副团长。

这一天，徐向前和徐海东见面了。徐团长打心里敬佩徐总指挥。听人说，总指挥是黄埔军官学校毕业，还参加过广州起义。谈起6年前徐海东跟吝积堂、李树珍从武昌奔广东的经历，情不自禁地说：

"那年，我真想也去考黄埔哩！"

"为啥没去呀？"

"我怕考不上，只念过3年半书呀。"

"嗯，那不算少嘛！"

"我是个粗人。"

徐总指挥含着旱烟袋笑了："你是粗人，谁是细人？"

徐团长也笑了："你是黄埔毕业生，当然是细人呀！"

"黄埔的大门，进也好，不进也罢。"徐总说，"我们那一期，原定学二年的，因为情况变化只学了半年。你想想看，半年能学什么哟！你没入黄埔，还少加入个党呢。"

"党，什么党？"

"国民党呀！黄埔生第一堂课，每人先发个表，填表集体加入国民党。"

徐团长听说过，国共合作时期，不少共产党员跨党加入过国民党，就笑着说："我想跨党还没跨上呢！黄埔军校出来的人都会打仗呀！"

徐总指挥摇摇头说："不一定，你没入过黄埔的大门，没读过黄埔的书，不也挺会打仗嘛！"

徐团长说："唉，我是瞎眼的婆婆赶庙会——摸着走呀！这些年拉队伍是'摸'，打游击是'摸'，一次次失败，一回回'摸'着路走，'摸'啊，'摸'啊。"说着两只手伸向前方，闭上眼睛像盲人似的比画着。

徐总指挥一磕烟袋锅："好啊，说得好！这些年来我们就是靠'摸'，'摸'！"说着两只手也在空中比画着。

两人都放声大笑起来。

"往后不用再'摸'了。"徐团长说，"我们跟着总指挥，可以放开双腿跑了。"

徐总指挥摆摆手："不，我这些年也一样是摸着黑闯。不过以后不能总是'摸'啦！要多动动脑筋，把这些年'摸'的经验好好总结总结。"

听了总指挥的一席话，徐团长感慨地点点头。

（章　颜）

为部属当"月老"
——徐向前和王树声

大将王树声，来自大别山的麻城。1929 年 11 月，参加了著名的"黄麻起义"。周恩来称他是"鄂豫皖根据地的创始人之一"，徐向前称他是"大别山的英雄战士"。

1929 年 6 月，徐向前来到鄂东北，任红三十一师副师长，领导鄂东北的军事工作。红三十一师实际上只有 300 多人，辖 4 个大队，王树声就是第一大队的党代表。王树声是大别山土生土长的游击队领导人，没有上过军事学校，带领十来个人打打游击，还可以"应付一阵"。随着革命队伍的壮大，战争规模的日趋复杂，王树声感到力不从心，大有"穷于应付"之感了。徐向前系黄埔军校第一期毕业，又参加过广州起义和海陆丰的斗争，他的到来，使苦恼中的王树声如久旱逢甘雨。两人一见如故，谈得很投机。王树声把徐向前拜作良师益友，虚心求教；徐向前也热情言传身教，悉心栽培。开始时，王树声作战勇如猛虎，但智谋不足，徐向前就结合实际，慢慢开导他。1930 年 6 月，部队连续在杨家寨和杨平口打了两个大胜仗，缴获大量武器，歼敌千余人。第一次打这么大的胜仗，部队情绪很高。王树声也晋升为第一团团长。在路经黄陂时，探得县城只驻有夏斗寅一个营，不少人心痒了，求着要打，王树声也跃跃欲试。徐向前却摇摇头说："不能盲动哟，同志们！攻城那可不是闹着玩的。打仗像小娃娃学走路，刚刚学会走，怎么就能瞎跑呢？要一步一步来……"王树声听了，不由得脸上发热。又一次，部队计划夜袭花园车站，因为行军途中后卫掉了队，延误了时间，赶到花园时，已近黎明。夜袭打不成了，但据应山县委的同志说，情况没有变化，昨夜着了火，敌人救了一夜的火，睡下不久。徐向前有意让王树声谈谈意见。这时候王树声这个"大炮"也动上了脑筋，主张按原计划打敌人个冷不及防。徐向前笑了，随即拍板定夺，奇袭花园车站。果然，敌一个团全部就歼，红军无一牺牲。王树声更加佩服徐向前，徐向前也为王树声的进步而高兴。

王树声从战争中学习战争，在徐向前的帮助下，由团长升到师长、军长。1933年又任红四方面军副总指挥，成了徐向前的得力助手。

战斗中，徐向前和王树声生死与共，生活上也互相关心。王大将的夫人杨炬同志对我讲了徐老总为他们当"月老"的故事。

那是1944年，王树声在中央党校军事队当队长。他曾经有过两次婚姻，都不成功，匆匆分手。38岁的他，仍是孤身一人。在中央党校举办的文娱晚会上，他被一位身材修长、脸白白的、大眼睛的姑娘吸引住了，她就是杨炬。杨炬当时才22岁，是中央门诊部的医生，医科大学毕业。王树声一方面请老战友们帮忙，另一方面也借口看病常到门诊部去，目的是想见见杨炬，接触接触，经过傅连暲等人的穿针引线，他们相识了。又经过多次开诚布公的交谈，两个人心贴近了。

中秋节那天，王树声约杨炬一起去看徐老总。到了徐总的住处，贺老总（贺龙）也在那里。贺龙、徐向前一见王树声和杨炬，就欢喜地端月饼、泡茶、拿瓜子，像办什么喜事一样。

说笑了一阵后，徐老总拿出一副崭新的扑克牌，兴致勃勃地说："今年，咱们边区的五谷丰登；前线也捷报频传；今天礼拜，又是八月十五，杨炬和树声又是贵客临门——来来，我们痛痛快快玩一下！"玩到天近黄昏，杨炬起身要回去。贺老总瞄瞄徐老总，把杨炬拉住说："就在我们这儿过节嘛！"徐总会心地一笑，接着道："一边过节，一边就和树声在我们这儿把喜事办了，不是两全其美吗？"

杨炬感到很突然，脸"唰"地红了。急得站起身，跺着双脚说："这、这怎么行呢？"

贺老总乐呵呵地说:"革命夫妻嘛,没有那么多讲究。"

"那我没有向组织上打报告呢?"杨炬又找出了理由。

徐老总马上笑着答道:"小杨呀,我是树声的老上级。你们的事,我还可以当半个家。"

"我这个联防军司令也完全赞同,还不行吗?"贺老总也帮腔。

在两位老总的诚挚关怀下,杨炬恭敬不如从命,默默同意了。好事的陈赓蹦三跳四地跑到外面,欢声广播:"喂,报告大家一个大喜讯,王树声和杨炬结婚啰!"一下招来了一堆战友。徐深吉即兴凑了一副对联,请擅长书法的邵式平书写:

上联——调皮遇厉害

下联——花好见月圆

横幅:革命伴侣

王树声和杨炬在徐老总让出的住室里度过了他们的洞房之夜。婚礼虽然简单,但有两位老总做"月老",显得格外隆重。

几个月后,王树声又告别了新婚燕尔的妻子,踏上了新的征途。党中央根据抗日战争进入反攻阶段形势,决定组建河南军区,建立根据地,抗战到底。毛主席对王树声说:"原想派徐向前、戴季英、刘子久等同志去,不巧的是徐老总骑马受了伤,恐怕一时去不了,这个帅就只有你来挂了。"毛主席有力地握着王树声的手,预祝他们胜利。病中的徐向前为王树声送行,还把身边最机灵的小鬼李树林推荐给他当警卫员。徐老总对小李说:"王司令员是我的老部下、老战友。他叫树声,你叫树林,真像亲兄弟呢。去吧,你们一定会合得来的!"

新中国成立后,王树声是徐向前家的常客。五六十年代,黑白电视机还是稀罕玩意儿。徐帅家里有两台,被王树声发现了。"你们有两台,我搬一台走。"王树声不由分说,搬起就走。

王树声大将1973年去世,徐向前如痛失手足,十分悲痛。在以后的岁月中,徐向前这个"月下老人",格外尽心地关心、照顾着杨炬,照顾着王树声的孩子们。

(李而炳)

"相信你，等着你们的胜利消息"
——徐向前和许世友

许世友是徐向前麾下一员虎将，徐向前钟爱他，在回忆录《历史的回顾》中，多次提到他。

1932年，红四方面军被迫撤离鄂豫皖革命根据地，开始了艰苦的西征。蒋介石派嫡系部队围追堵截，妄图把红四方面军一举消灭。部队来到枣阳新集一带。关键阵地乌头观被敌人抢先占领，对我军构成严重威胁。徐向前总指挥骑马来到三十四团。团长许世友见徐总指挥亲自到来，已预感情况不妙。徐总指挥向许世友介绍了敌情，指出乌头观阵地关系全局安危，必须坚决夺回。

许世友看到总指挥严肃的表情，郑重地点了点头，当即说："明白了，夺不回阵地，我提头来见！"说完，拔出驳壳枪，带领二营冲了上去。经过一场酷战，二营终于夺回了乌头观，并站稳了脚跟，打退了敌人的多次反扑，保证我军主力的安全。为此，他们也付出了很大的代价。两位连长英勇牺牲，10位同志流尽了最后一滴血。

部队行进到鄂陕边界的漫川关地区，杨虎城的重兵已卡住关口，挡住我军西进去路。胡宗南等部又追了上来，将我军合围在康家坪至任岭的深山峡谷中。当时敌众我寡，地势险恶，就剩下机关枪能交叉射击到的那么一个口子可以突围，的确到了危险至极的境地。在这个节骨眼上，张国焘慌了手脚，主张分散游击。徐向前总指挥坚决不同意。徐向前说："我们好比一块整肉，敌人一口吞不下去；如果分散，切成小块，正好被人家一口一口吃掉。无论如何不能分散打游击，要想尽一切办法突围。"在这红四方面军生死存亡的紧要关头，徐总指挥又来到三十四团。他命令许世友在北山垭口敌四十四师两个旅的接合部打开一条通道，保障全军通过。徐总

指挥紧紧握着许世友的手说："世友同志，全军安危唯此一举，必须不惜一切代价夺取垭口，只能成功，不能失败！"许世友看着总指挥信赖和期待的目光，斩钉截铁地说："请放心，三十四团只要拼不光，就一定为全军杀出一条血路！"

夺取垭口的战斗打响了。战士们迎着暴雨般的子弹，迎着炮弹连续爆炸的火光，勇猛地向垭口冲去，前面倒下了，后面又冲了上去。情况紧急，时不我待，许世友拔出驳壳枪带着团部警卫连一口气冲上了垭口，紧接着，机枪连和三营也冲了上去。敌人的包围圈终于被撕开了一个血淋淋的口子。

速度就是生命，时间就是胜利！为了以最快的速度通过垭口旁的小路，部队能精减的东西全部扔光。徐总指挥亲自指挥部队迅速通过。敌人凭借兵力和装备上的优势，发疯似的向我阵地攻击，想把缺口重新堵上。许世友和他的战友们，同敌人拼搏、厮杀，保证大部队通过。我军终于摆脱险境。

几十年后，徐向前元帅谈起这一段经历，仍是不寒而栗。他说："漫川关突围，是关系我军生死存亡的一仗。许世友那个团立了大功，二一九团打得也不错。幸亏敌人刚到，合围圈不够严密；我军决心果断，行动迅速，利用夜间突围奏效，否则后果不堪设想。"

万源保卫战，是川陕反六路围攻的决定性战斗。任红九军副军长兼二十五师师长的许世友率部坚守大面山主阵地。川军倾巢出动，向万源为中心的我军阵地发动了第4次总攻。徐向前总指挥采取收紧阵地、节节抗击、重点突破、待机反攻的作战方针，已经到了不能再收的地步。敌军在飞机和大炮的掩护下，向大面山阵地进行波浪式的冲锋，一上午就有五六次之多。我军战士跳出堑壕，挥动大刀，猛追猛杀，杀得敌人尸横满山、血染山坡。敌人的冲锋一次又一次地被粉碎了。敌人也红了眼，又组织起更大规模的进攻。我军前沿阵地不时被敌突破，营的敢死队、团的预备队都投入了战斗，同敌人进行反复争夺，战斗到了白热化的程度。张国焘从后方打电话询问，一副没有信心的口气。说什么"敌人人多啊"、"我们可能顶不住啊"。许世友不服气，说："没什么了不起！他们人多，我们也不少。你放心，我们保证人在阵地在。"许世友下到七十三团一营，问营长："怎么样，守住阵地有把握吗？"营长说："副军长放心，我们决不会给二十五师丢脸，决不当孬种，就凭我们手里的大刀，拼也要把敌人拼下去！"有什么样的将就有什么样的兵，那口气、那豪气，和许世友一样掷地有声。

在万源前线的激战时刻，总指挥徐向前亲临大面山视察。许世友陪总指挥视察了阵地，汇报了几天的作战情况。徐总指挥向许世友介绍了敌我全面情况，对许世友说："大面山是敌人的主攻方向之一，是全线的重点阵地，一定要守住。你们右翼的三十军、左翼的四军，都打得很好。敌人还会更猛烈地进攻，你们的任务是极其艰巨的。"许世友坚决地说："横竖是有我无敌，有敌无我，有我们二十五师在，敌人就休想过大面山！"徐向前满意地笑了，用他那有力的大手握着许世友的手说："相信你，等着你们的胜利消息。"

经过70余日的艰苦奋战，挫败了刘湘主力十几万人的多次猛攻，大量地消耗了敌人的有生力量，粉碎了敌人妄图消灭我军的企图，迎来了全面反攻的时刻。

"拿不下阵地，提头来见。"这就是许世友的战斗风格。徐向前总指挥信任他，在关键时刻，总是把最困难的任务交给他，而许世友总是万死不辞，坚决完成。这种相互的信任维系着元帅和将军的一生。

（李而炳）

战争结友情

我和向前是太原国民师范的前后同学，他早于我离开太原国民师范，怀着救国救民的志向和寻求真理的愿望，到广州黄埔军校第一期学习。我是太原国民师范后期的学生。1927年年初，我考入黄埔军校武汉分校学习，向前时任黄埔军校武汉分校一队队长，我们在这里熟识了。向前薪水多，我们几个山西籍的同学经常要他星期天带我们到汉口鸿宾楼吃山西饭，相互交谈革命情况。向前给我们讲过广州黄埔军校的情况和黄埔精神。他当时留给我的印象是：思想进步，性格豪爽。

1927年4月12日，蒋介石叛变革命，在上海进行反革命大屠杀。4月23日，武汉各界群众30万人在武昌阅马场举行讨蒋大会，武汉分校的同学都参加了，还举行了游行示威。武汉政府军队于4月21日在武昌誓师北伐，开赴河南攻打奉系军阀张作霖。此时，四川军阀杨森从鄂西向汉阳开进，夏斗寅在宜昌叛变，沿武长铁路向武昌进攻，想乘武汉兵力空虚，捣乱北伐军后方。黄埔军校武汉分校奉命编为中央独立师，在国民革命军第十一军第二十四师师长叶挺的统一指挥下，我们同二十四师并肩作战，在土地堂打败了夏斗寅。以后，我们准备截击杨森部队的后路，但杨森部已在仙桃镇被打败。当我军进到烽口时，该敌已经逃走，我们又回师武汉分校。打败了夏斗寅和杨森，巩固了大后方。这时，武汉的形势很紧张。7月15日，汪精卫背叛革命。不久，武汉分校改编为张发奎的教导团。这一时期，正是革命从高潮走向低潮的时期。在革命形势最为严峻、最为困难的时刻，向前义无反顾地加入了中国共产党，从一个民主主义者成为一个无比坚定的共产主义者，充分体现了向前对真理执着不懈的追求。

8月1日，教导团从武昌乘船出发开往九江，第三天到了九江江中，张发奎认为武汉分校学生中有很多共产党员和国民党左派，不准我们上岸。后经交涉，答应我们上岸后缴枪，才准上岸。当天晚上，我们徒步来到一个学校的操场上露营。这时我想，缴枪后还会清党，自己不是被抓去坐牢，就是被枪毙，不如离开教导团，到别处去革命。第二天，经请示连队党的负责人同意后，我离开了教导团。

在当时全国严重的白色恐怖下，到哪里去找党呢？我先到了武汉，费了很大周折，才找到了我的老同学、共产党员鑫沅，不料他也和党失去了联系。后又碰到老同学、共产党员贾绍谊，他提议去上海找党中央，于是，我们俩乘船到了上海，住在英租界的一家旅馆里。第二天吃早饭时，在饭厅碰到了也住在这家旅馆的向前，我们都感到喜出望外。经过交谈，我才了解到，向前也是从教导团出来的，他先去武汉找党，因没找到，就辗转到上海找到了党中央。通过向前，我很顺利地与党中央接上了关系。党中央派人同我谈了话，并让我到广东参加贺（龙）、叶（挺）军，我同意了。按照组织的安排，我几经曲折，但没有找到贺、叶军。幸好在广州找到了我原来所在的教导团，我见到了连队党的负责人，汇报了我离开九江以后的经过，并要求归队，得到了他的同意。这样，在历时3个月之后，我又重返教导团。很有意思的是，我在广州又巧遇了向前。党中央派向前来到广州工作，住在一家旅馆，我去旅馆看望了他。不久，我们一起参加了举世闻名的广州起义。1927年8月，南昌起义的部队南下，准备到广东建立革命根据地。当时，盘踞广州的桂系军阀李济深部队到东江攻打起义军，张发奎乘机从江西回师，于10月初占领了广州。桂系军阀为夺回广州，由广西派部队沿西江向广州进发，张发奎派他的主力第四军去迎战，把教导团留在广州维持后方。在广州兵力空虚的情况下，我党于1927年12月11日，举行了广州起义。向前指挥赤卫队第六联队进行了英勇战斗。广州起义虽然最后失败了，但它的意义是重大的，它沉重地打击了帝国主义和国民党新军阀，在革命的危急关头，高举起义大旗，与南昌起义、秋收起义一起，成为我党独立地领导中国革命走向全国胜利的起点之一。

13日晚上，我们从广州突围出来，撤到沙河一线，击退了反动商团的袭击，连夜向花县前进。参加起义以来，大家一直没有睡觉，非常疲劳，许多同志边走边睡，有的同志因此滚到了山沟里。14日晚，部队到达花县的象山，在那里露营。次日早晨，反动民团占领了四面的山头，来围攻我们。在这危急的关头，向前来了。这是我们参加广州起义以后第一次见面，感到格外亲热。他说："民团松得很，你们就冲吧，一冲就跑了。"我们依他所说，向民团发起了猛烈的冲锋，敌人果然仓皇逃走了。从这件事情可以看出，向前具有卓越的军事指挥才能和丰富的作战经验。那时，花县几乎村村有民团，我们每过一个村庄，就得打一仗，直到15日下午，才到达花县县城。16日早晨，民团又来攻城，因为我们一路上不断遭到民团的骚扰，大家早就憋了一股火，于是向民团猛打猛冲，打得民团死伤遍野。从此，民团知道了起义军的厉害，再也不敢骚扰了。起义部队决定在花县休整，并召开了党的会议，成立了中国工农红军第四师，师长叶镛、党代表王侃予、参谋长袁裕（国平），下辖第十、十一、十二共三个团。我所在的一营编为十团，向前任十团党代表。红四师这支人民军队，经过广州起义的战斗洗礼以后，光荣地诞生了。红四师一成立，就决定到海陆丰苏区，与彭湃领导的农民运动相结合，为保卫海陆丰苏维埃政权而斗争。到达海陆丰后，与红二师会合。从1928年1月到6月，红二、四师进行了大大小小多次战斗，因打的都是硬仗，所以损失很重。叶镛牺牲后，广东省委决定由向前担任红四师师长，继续在海丰山区战斗。当时，条件很艰苦，处境非常困难，到最后打得仅剩下20多人了。在这种情况下，向前仍然带领红军继续坚持武装斗争，体现了向前为了革命事业，百折不挠，把个人生死置之度外的英雄胆略。后来，广东省委得知了这一情况，决定让向前率20多名红军战士撤出海陆丰。这里需要说明的是：广州起义失败后，教导团有1200多名学生撤到海陆丰，这些学生不作为干部使用，部队不补充农民和俘虏兵，学生们均被作为战士使用。那时，不会打游击战，不管敌军多少，硬打硬拼，绝大多数同志在作战中牺牲了，令人非常惋惜。我在1928年3月攻打惠来城的战斗中负了伤，组织上把我留在普宁县南山里治疗。伤愈以后，我到普宁、潮阳、惠来三县成立的独立团当会计。红四师失败以后，敌人又集中力量打我们，独立团寡不敌众，被打散了。因当地无法存身，我只身一人辗转到汕头、上海、山西老家等地找党，但均未找到。后来，我又到了河南南阳，在国民党岳维峻部接上了党的关系，在部队中做秘密工作，并于1929年12月14日领导了大冶兵暴。

在大革命失败以后，当中国革命暂时处于低潮时，我和向前在革命斗争中结下了情谊。这种革命情谊，时间愈长，就愈发深厚。新中国成立以后，向前身体不好，我经常前往探望。我们有时会情不自禁地回忆起战斗岁月的难忘经历和走过的曲折道路，想起成千上万的烈士为了革命事业而英勇献身，心情很不平静，深感革命胜利来之不易。"文化大革命"中，造反派审查我的历史，想在我曾失掉党的关系上做文章，由于向前如实作了证明，才使得我的政治历史问题在"文化大革命"中得到了澄清，它体现出向前为人正直、敢于讲真话的共产党人的优秀品质。

（程子华）

一同作战　智勇非凡

向前是1929年6月，受中共中央军委的委派到鄂豫皖担任红三十一师领导工作的。我是1930年4月受党中央的委派到鄂豫皖特委主持工作的。从这时起到1932年初冬红四方面军被迫向外线实行战略转移时止，我和向前在一起多次商讨红军的行动方案和作战计划。他那非凡的智勇，善打大仗、恶仗、硬仗的指挥才能和顾全大局，以团结为重的高尚品德，给我留下了深刻的、永远难忘的印象。

智勇非凡的军事家

向前到鄂豫皖，可以说是"受任于动乱之际，奉命于危难之间"。当时"黄麻起义"建立起来的红军，力量还比较弱小，处境十分困难，敌人妄图把这株幼苗扼杀在摇篮里，疯狂地发起了"围剿"。向前到来之际，正值"罗李会剿"（敌罗霖独立第四旅和李克邦暂编第二旅）即将开始。这时，红三十一师部队大部在外游击，仅两个大队在黄安（今红安）的七里、紫云两区活动。根据此情况，向前集中指挥红军两个大队，采取"避强击弱"的方针，对战斗力较弱的敌李克邦部和红枪会，展开了坚决反击。"罗李会剿"被粉碎后，敌又由蒋介石嫡系第一师长刘峙组织鄂、豫两省反动军队，发动了"鄂豫会剿"。接着，驻河南信阳之敌徐源泉的第四十八师和湖北境内之敌夏斗寅的第十三师，又发动了"徐夏会剿"。当时，敌人虽然先后纠集大于红军数倍或数十倍的兵力，连续进行了3次"会剿"。但是，红军和根据地的广大群众，在党的领导下，在向前的正确指挥下，进行了英勇顽强的斗争，一次又一次地粉碎了敌人的"会剿"，不仅歼灭了敌人不少正规部队，还歼灭了大量的反动民团，这对巩固苏区有重要意义。同时，地方武装和红军也进一步壮大起来。1929年年底，各县均组织起一支有数十人到一二百人脱离生产的赤卫队、常备队和大量不脱产的预备队。红三十一师已经发展到700余人，增建了第十一大队，共有长短枪600余支，这对于发动群众、巩固和扩大革命根据地有着非常重要的意义。

在粉碎这三次"会剿"的武装斗争中，向前运筹自如、智勇兼备，显露了非凡的军事指挥才能。在敌以强大兵力，疯狂向我根据地"进剿"时，他指挥部队采取"敌进我退，敌东来我西去"，与敌人兜圈子的办法，把敌人拖垮；敌人据地固守，他指挥红军和游击队在其周围活动，土炮轰鸣，呐喊四起，昼夜袭扰，不让敌人有喘息之机，置敌人于死地；敌人分进合击，他指挥红军找空子钻出敌人的包围圈，转到敌军侧后，以突然袭击等手段，大量消灭地方反动民团；敌人进行"搜剿"、"清乡"，他指挥红军掩护群众，带着锅盆碗盏和粮食、衣物、牲畜，向安全地带转移，并在适当地点布置兵力监视、打击敌人，相机歼灭敌人一部或打掉敌人的"尾巴"；敌人行军时，他指挥红军守候在半路上打埋伏，赤卫队乘机去打敌人的行李担子，纠缠住敌人的掩护部队。这样就使"会剿"之敌处处受阻、寸步难行。

向前作风民主，特别尊重地方党组织的意见。1929年11月，他与党代表戴克敏起草的《军事问题决议案》中，就明确提出"高级党委应规定全军党的工作路线"，"红军游击到各地时，其军事行动由党委及各该地党部开联席会议决定之"。1930年夏，他担任红一军副军长兼第一师师长时，指挥部队在鄂豫边区活动。为了打下杨平口，我代表鄂豫皖特委两次到他的司令部同师党委召开联席会议，讨论作战方案和行动计划，决定积极向京汉路南段出击。会上，向前对形势、敌情、我情作了全面而透彻的分析。他指出：要抓住军阀混战的有利时机，积极开展进攻作战，当前敌众我寡，不宜强攻。经过全面分析，反复比较，权衡利弊，决定以"诱伏"的手段消灭敌人。于是向前指挥主力埋伏于杨平口东北地区，安排孝感游击队配合，师属特务大队进逼郑家店诱敌。由于向前判断正确，决心果断，战术运用得当，部队动作勇猛，加上做到了红军作战与地方工作密切结合，因而这次战斗仅历时半日，就毙、伤、俘敌1000余人，活捉敌团长，缴枪800余支。1930年秋，红一军整编后，占领罗山。当时向前同志任红一军副军长兼参谋长，司令部的工作井井有条。为了商量红一军南下作战问题，我同倪志亮一道去罗山军部，当时找到了许继慎、曹大骏、徐向前、熊受喧等军部领导。我介绍了苏区和黄安南部敌人的军事动态，要求一军主力向南行动，肃清鄂东南部地区的敌人。前委随即召开会议决定部队南下，趁敌人进驻新洲立足未稳打它个措手不及。由于决定正确，这次南下，一举占领新洲，歼敌第二混成旅两个团，缴获了大批枪械弹药和军需物资。这一胜仗，大大震动了武汉敌人，给正在组织"围剿"的敌人以迎头痛击，打乱了敌人部署，为鄂豫皖根据地军民赢得了进行反"围剿"的准备时间。

善打大仗、恶仗、硬仗的统帅

向前具有不畏强敌、视险如夷、坚韧不拔、雷霆不移的宏伟气魄和革命胆略。他指挥战斗，总是坚持从实际出发，因时因地制宜，采取机动灵活的战略战术，克敌制胜。他常说："当一个指挥员，尤其是高级指挥员，要胆大心细，抓住战机，英勇果断，不顾一切！"他特别强调在战斗进入关键时刻，要"咬紧牙关"，"硬着头皮打"！"坚持最后5分钟"。他说到做到，在这方面一直是部队的好榜样。

1931年11月7日红四方面军在黄安七里坪成立，向前担任总指挥。不久，方面军就发起了黄安战役。当时我负责陂安南县委工作，向前让我到他的指挥所去商量地方配合部队作战的问题。我去时，见他正在用毛笔书写作战计划和作战命令。我敬佩他的书法，更为他这种严肃认真、一丝不苟的精神所感动。他写完作战命令后，谈了作战部署，并向我提出了地方支援部队的要求。我当时同他谈了陂安南县分得土地的农民，积极响应中央分局的号召，踊跃参军，县苏维埃主席李先念和县委机关干部张广才带领数百名青年参军受到《列宁报》的表扬的情况后，向前很满意，要求我们进一步发动群众，把后勤支援工作做好。在这次攻城战斗中，向前身先士卒，哪里战斗最激烈，哪里情况最紧急，哪里困难最大，他就出现在哪里。当战斗进入关键时刻，他亲自带领手枪营赶到嶂山一线阵地指挥作战。他站在山顶上，举着望远镜观察，呼啸的子弹从他身旁穿过，打在石上冒火花，他全然不顾。敌人在炮火的掩护下，已冲到半山腰了，他仍然全神贯注地观察着敌情。他的右臂负伤了，还若无其事。当敌人冲到快接近山顶时，他才命令集中火力反击，喊着："同志们，坚决把敌人打下去！"他惊人的沉着和勇敢，极大地鼓舞着广大的指战员，大家打得格外英勇顽强，不仅打退了敌人的冲锋，还一鼓作气追击15里，收复了第一道防御阵地桃花镇。黄安战役历时43天，总计歼敌15000余人，其中生俘近万，敌师长赵冠英亦被赤卫军活捉，缴枪7000余支，迫击炮10余门，电台一部。这是红四方面军第一次取得攻下敌人由整师兵力设防之强固据点的重大胜利，也是向前正确指挥的结果。

苏家埠大捷，更体现了向前善打大仗、恶仗、硬仗的革命胆略、气魄和卓越的指挥才能。向前对于无产阶级革命事业无限忠诚，一心为着党和人民，唯独没有他自己。他无私无畏，所以越是面对险境、逆境，他越是以超凡的耐力和毅力，冷静沉着，运筹帷幄，化险为夷，夺取胜利。长期斗争的实践，使大家有这样一种感觉：不管打什么大仗、恶仗、硬仗，只要向前指挥，广大指战员就信心百倍。苏家埠战役，就是以少胜多、以弱胜强的一例。红四方面军在向前指挥下，夺取了"黄安战役"、"商潢战役"的胜利之后，1932年春，又决定发起苏家埠战役。当时我正在皖西道委工作。为了配合部队作战，按照向前的部署，我们一方面发动群众做送军粮、抬担架等后勤工作，一方面组织地方武装袭扰迷惑敌人。当时，向前根据敌人"深沟高垒，凭坚固守"的情况，以少部兵力紧紧围住苏家埠等点上的守敌，以主力张网以待，伺机消灭援敌，结果把皖西"剿共"总指挥厉式鼎的15个团全部装进了我们的"口袋"，彻底歼灭。点上敌军，待外援无望，也只好束手就降。这次战役历时48天，共歼敌3万余人，生俘厉式鼎及敌旅长5名、团长12名、官兵2万余人。

苏家埠战役的胜利，是向前指挥红四方面军进一步发挥"围点打援"，调动敌人于运动之中加以消灭的作战指导思想的胜利，也是向前在准确掌握敌情的条件下，在优势的敌人援兵面前，以逸待劳，利用天时地利，发挥人民战争的威力和红军勇猛顽强的战斗作风，"硬着头皮打"的坚强毅力的结果。苏家埠空前大捷，苏区群众欣喜若狂，有力地推动了皖西北苏区的迅猛发展，许多人民得到了解放。中华苏维埃临时中央政府致电祝贺这次大捷，对红四方面军全体指战员表示亲切的慰问。电文指出："你们的胜利给予全国反帝国主义、反国民党的革命运动以无限兴奋。"号召继续英勇战斗，争取新的胜利。

以团结为重的楷模

向前一生光明磊落、襟怀广阔、作风正派、表里如一。为了党和人民的利益，一贯顾全大局，不计较个人得失，甚至委曲求全。他常说，团结出战斗力。团结就是胜利。个人没有什么了不起，个人只是集体中的一分子。没有党的领导便没有个人作用的充分发挥，便没有革命事业的胜利。在红四方面军，向前是以团结为重的楷模。1929年，他到鄂豫皖之后，不像有的人以"救世主"自居。他对当地干部戴克敏、曹学楷等同志很尊重，注意发挥他们的特长、支持他们的工作、听取他们的意见，并经常虚心求教，工作上主动配合，团结得很好。

1931年张国焘来鄂豫皖后，向前尽管心情不舒畅，但他顾全大局，以团结为重。红四方面军老同志都知道，与张国焘共事不容易，既要讲斗争，又要讲团结，既要坚持原则性的意见，又不能越权行事。在这方面向前做得很好。该做争取团结的工作积极做，该坚持的原则毫不含糊。在苏家埠战役中，敌众我寡，张国焘要撤退，向前全面分析，权衡利弊，说明

"只有硬着头皮打",别无他路,说服了张国焘。当红四方面军南下执行"攻打安庆,威胁南京"计划,攻克英山后,向前遂与曾中生详细研究和比较了潜山、太湖、安庆地区和蕲春、黄梅、广济地区的情况,认为进攻安庆要通过近400里的国民党统治区,作战条件困难,胜利把握不大。而蕲春、黄梅、广济地区原为根据地,有地方党组织和较好的群众基础,且敌人兵力比较薄弱,红军既可乘虚而入先争主动,调动敌人加以歼灭,又可牵制敌人,配合中央红军行动。据此,他们向中央分局报告了情况,改变了张国焘原定的冒险计划,从而在一个月内取得了连克英山、蕲水、罗田、广济四城,歼敌7个多团的重大胜利。同时,牵制了敌原拟定派往江西的部分兵力,有效地配合了中央革命根据地的反"围剿"斗争。

在鄂豫皖我和向前是在燕子河分手的。那是1932年9月,张国焘在这里召开中央分局会议,陈昌浩、沈泽民、周纯全和我参加了会议,向前也出席了。当时形势非常严峻。大家心情都非常沉重,我和向前匆匆分别,他率领大部队向黄麻地区转移,我留在皖西坚持斗争。

在鄂豫皖三年艰苦奋战的日子里,我和向前结下了深厚的革命战斗友谊。对他在红四方面军坚持党性原则,坚持革命团结,以及严肃认真的作风,英勇的胆略,善战的指挥才能,至为敬佩。他离开鄂豫皖苏区转战川陕后,我十分关注,对他指挥红四方面军所取得的战功,我都无比激动,并与之分享胜利的喜悦。向前在红四方面军言传身教,培养出了大批智勇兼备的将领,带出了一支战无不胜、攻无不克、守无不坚的钢铁般的队伍。

(郭述申)

将士之帅　将士之师

我最初与徐向前同志相识,是在60多年前,那是一个多么令人难忘的夜晚啊！

1929年初秋的一个晚上，在湖北省黄安（今红安县八里湾），这个在地图上找不到的小湾子里，夜色一刻一刻地深了起来，月亮也渐渐地放起光来了。天空从银红到紫蓝，从紫蓝到淡青变了好几次颜色。我在一农户家里心中有些焦急，一忽儿站在门口张望，一忽儿回到屋里，坐立不安地等候着一个人。我想，不久前敌人对我们发动了一次"会剿"，被我红三十一师粉碎了。下一步我们该如何行动？交通员带信来说，师里要派一位领导同志到八里湾来，给我们布置工作。不知来人是哪一位？听说新上任的徐副师长很能打仗，是个黄埔生，而且他为人又甚好……如果真是他，就好了……现在，路上这样难走，天又暗了下来，千万可不要遇到什么意外啊！……我坐在桌旁，边"吧嗒、吧嗒"地吸着烟，边胡乱地想着什么。突然，只听得门外有声响，交通员进门道："来啦！来啦！"

"我是徐向前。"来人自我介绍着。

"太好啦！我正盼望着您呢！我是詹才芳。"两双手紧握在了一起。借着梓油灯光，我打量了一下这个新上任不久的副师长、副司令，他头上没有戴帽子，身体颀长，英姿勃勃。略长的脸，粗密的眉下，长着一对晶亮的眼睛。端正直挺的高鼻梁下，是一张轮廓分明的憨厚的嘴，头上长满粗黑的发茬。乍一看来，给人一种朴实的农民印象。他立如松，坐如钟，举止端正、利落；好一副精悍的形象！真不愧是带过兵，打过仗，行伍出身的黄埔生！在我的心目中，黄埔生就是他这个样子，也应该是这个样子，是能文能武、精明强干、英勇善战的铁汉子。再说他的长相真与不久前牺牲的、令人怀念的吴光浩军长还有几分相像呢！然而，眼前的徐副师长，显得比吴军长更加英俊、强健。

徐副师长一开口，操着山西腔加上黄麻调的杂色音，更使人感到亲切了。他向我传达了上级的指示，并与我商量了如何消灭民团，多弄些枪支弹药的计划。他强调说："有人主张与敌人硬拼，我认为咱们还是要坚持这一点，打得赢就打，条件不利于我们，就不要打。"他笑着说："一路上，我见到有捉拿你的告示。你我的脑壳可不能那样轻而易举地就白白地给敌人送去哟！"

他开了话匣子，询问了我的工作、战斗、家庭及个人的情况等。虽然从前我并未见过徐副师长，但早已闻其鼎鼎大名，尤其钦佩他带兵有方、英勇善战的军事才能。

"徐副师长，听说您带过学生兵，指挥过工人赤卫队；既与叛军夏斗寅的正规军作过战，也与国民党反动派军队打过游击战。您一定要把南方游击战的经验好好介绍给我们啊！"我急切而恭敬地说着。

"是的。"徐向前说，"那里的经验固然要学，但更重要的是自己的实践，因为我们中原地区有本地的特殊情况。必须把外地的经验与此地的具体情况相结合起来，摸准敌人的状况。做到知己知彼，制定可行的作战方针才成啊！如若仅仅生搬硬套别人的经验，肯定是要失败的。"我头一次听到这样一位军事领导人，道出这样高超的见解，我连连地点头表示赞同。

"所以，咱们不能蛮干，一定要建立稳固的根据地。"徐副师长说，"这点，你有体会吧？"

"当然，黄麻起义中，虽然夺取了黄安县城，但是，还是没有守住啊！……后来，我们以木兰山为基地，发动群众，现在就发展壮大了。看，咱们现在不都成为正规红军了吗！"我深有感触地说着。

……我们越说越投机，梓油灯光渐渐因油已耗尽而熄灭了；茅草房的窗上透出了点点亮光，我们不知不觉谈到了黎明。徐副师长便告辞匆匆而去。

从此后，我一有机会就向徐副师长请教。我们在鄂豫边，扩大了武装割据地区，取得了战斗的节节胜利。

一次。徐向前副师长对我说："人称你是'飞毛腿'，这个外号起得好。咱们就是要当'飞毛腿'、'铁脚板'，既要能打，也要能跑。使出你的'飞毛腿'的本事，以最快的速度前进，追击，把敌人拖乏、拖垮、拖死。如遇到敌强我弱，你就快快移转，不要硬拼。否则，就有被敌人吃掉的危险哟！"说完，徐向前还撩起我的裤角看了看，风趣地说："难怪你能跑路，真是个'飞毛腿'呢！一看你这条细脚腕，就知道了。"在场的人们哈哈笑了起来。原来，徐向前是黄埔军校第一期学员。他当学生兵的头几天，在操练正步时，军事教官就检查过他们的脚腕呢！而在这"农民兵"的人群中，谁曾研究过这个？

"有什么可笑的？"我听到众人的笑声，有点毛了。"你们这些人啊，都和我一样是个老粗，少见多怪，不学无术。光知道我走路快、跑路快，就叫我'飞毛腿'。徐副师长把我这个'飞毛腿'给分析透彻了。咱们当中，谁有这本事？谁能和他比？徐副师长才是个文武双全的能人呢！"听了我的这番话，人们敬慕地望着徐副师长。而他哩，却谦逊地淡淡一笑了之。

我在徐向前同志手下，从班、排、连、营干部一直升到红一军一师三团的政委。

记得在我接到当团政委的命令后，曾找到当时任副军长的徐向前谈了自己的顾虑。

"徐副军长，您知道我是靠打仗打出来的干部，我又没有文化。怎么可以当好政委呢？"

"没有文化可以在干中学嘛！至于搞政委工作，就是做人的工作。士兵和干部思想问题解决了，打仗就勇敢，就胜利。再说，当政委也不是不打仗了啊！政委的工作是军事、政治、后勤都得管。其实，政委的任务更繁重呢！"我听了徐副军长的话，觉得言之有理。从1930年当上了三团的政委以后，这个"政委"的头衔在我的头上，一戴就是整整6年。我担任团政委、师政委、军政委，直至1936年，离开红四方面军三十一军到"红大"学习，才离开了"政委"这个职务。

在这6年中，我仍常常向徐总指挥请示工作。尤其是在工作中遇到了问题，我总是请求徐总帮助，徐总也乐意到我的部队去亲临指导工作，及时帮助我们解决难题。

在苏家埠战役开始时，有许多人对围困苏家埠的敌军恨之入骨。当敌军没吃没喝，跑到我军阵地讨吃讨喝时，徐总亲自指示部队给他们吃饱喝足，放他们回营。我们部队许多人，包括一些干部，对此想不通。这时，徐总把我叫到指挥部，首先把我的思想搞通，把此次作战的设想、方法告诉了我，让我向部队讲明"攻心战"的妙计及其战胜敌人的意义。结果徐总的"围点打援"的战术成功了，我军胜利了。这一仗歼灭敌人30000人有余。

在战斗中，红四方面军的各级干部遵照徐总的指导，以徐总为榜样，下到各基层去亲自指挥部队。徐总反复强调："只有不能打仗的官，没有不能打仗的兵。"遇到了恶仗、硬仗，徐总总是战斗在最前方。枪炮一响，他总是向前跑。他置个人生死于不顾，有好几次，敌人子弹就在他身边开了花，他也毫不在乎。他运筹帷幄、果断灵活、指挥有方，善于以弱胜强、以少胜多。

在漫川关突围战斗中，徐总跟十二师行动。徐总提出的口号是"有敌无我，有我无敌，不消灭敌人，决不甘休"。十二师三十四团团长许世友提出的口号是："人在阵地在，人与阵地共存亡。"他们用火力封锁住了敌人后续部队增援的途径。我们十师、十一师分别抵御从南侧和西面向我夹击之敌。当时我任十师的政委，我们十师的口号则是："同仇敌忾，视死如归。死守阵地，寸土不让。"我们把总部的决心，变成师、团的决心，变成了每个战士的决心。

在这种形势下，红十二师以三十四团在前面突击。战士们在狙击的岗位上勇猛顽强地杀敌，终于钳住了敌人。在徐总指挥下，我军迅速通过山后通道，向西北转移，使得整个形势化险为夷。

1934年8月上旬，在反六路围攻东线反击时，徐总在我三十一军团以上干部动员会上谈到"……你们的军政委詹才芳对我提出了要求：让我在给二七四团动员之前，先给大家讲讲我们红四方面军的战斗作风问题。我考虑了一下，对大家说说。这可概括为5个字：狠、硬、快、猛、活。这个'狠'字是首要的、根本性的东西。我们的干部不怕死，带头冲锋，战士也就跟着冲了。如果干部怕死，我就要毫不客气地把他撤了。这样的干部要他做啥？干部、干部，就是要先干一步嘛！……"

听了徐总的话，我们深有感慨。我曾多次在徐总面前表态道："徐总，在您的教导下，我懂得了如何做人、怎样当政委。同时也懂得了如何打仗。请你在战斗中考验我吧！"我这样说，也这样做了。

徐帅教会了他的下级当好干部，同时也教会了我们打仗。在解放战争时期，我任第四野战军四十六军军长时，把红四方面军的作风，继承并发扬下来，在战斗时，要求军干部下到团，师干部下到营，团干部下到连……我们把这个定成制度。野战军刘亚楼参谋长对我说过："难怪你们这个军成了四野的主力军。原来，你们还有这么个干部带兵打仗的方法呢！"我说："这不是我们的新创造。这是徐总早在红军时期就言教身传予我们的呀！"徐总具有非凡出众的军事指挥才能，他的军事理论和实践，是毛泽东军事思想的重要内容和组成部分。

我们在政治上受到冲击时，徐帅给予我们极大的同情；每当我们会面时，就一起回顾战争年代的艰苦生活和顽强的战斗、敌人的凶狠残暴，以及战友之间纯真、可贵的情谊；我生了病，他不止一次到病房探望我，问寒问暖；他在百忙中亲自接见我的孩子们，鼓励他们发愤学习、努力工作。后来，他年事已高，身体欠佳，但仍不忘我这个长期住院的老病号、老下级。在我卧床的 7 年当中，他不断派秘书郭春福和李而炳同志带着营养品前来探望，有时，还送来家里自产的新鲜蔬菜；在 80 寿辰时，徐帅请郭秘书送来了老寿星和鲜花……

（詹才芳）

我给徐副军长当传令兵

1930 年 9 月，我在红一军军部交通队当传令兵时就听说，副军长兼第一师师长徐向前，是党中央派来的军事领导人，胆识过人，能打仗，人人都称赞他。这位赫赫有名的人物，我真是做梦也想见见他啊！

10 月的一天上午，在罗山县潘新店，我看到 3 个人骑马来到军部门前，交通队老兵告诉我："副军长来了！"他下了白马，只见他头戴八角帽，身穿灰布军装，在胸前的衣袋里，别着一支大号红杆派克金笔，腰间束着半旧而红亮的牛皮腰带,挂着一支小手枪,两腿缠着线绑腿,从脚腕一排"人"字花缠到膝盖下,脚上穿着黄安农民慰劳的黑布鞋。他衣着整洁朴素,身材颀长,显得精神焕发。跟随徐副军长来的一个是骑枣红马的交通排长余天云,一个是骑黑马的传令兵。徐副军长下马后,我们站在一旁向他敬了礼,他微笑着朝我们点了点头,就匆匆走进了军长的住房。这次见面,我们虽然没有谈话,但他那严肃而又质朴谦逊的风度,在我的心里,留下了深刻的印象。

  徐向前常说,红军打仗主要不是靠武器装备,而是靠有生力量,我们的有生力量是人,是有高度政治觉悟的红军战士。环境越是艰难困苦,他越强调各级指挥员关心战士,要求带好兵、养好兵。他非常关心连队的伙食,一到连队就问:"伙食怎么样呀,吃得好不好呀?"从敌人那里缴获来的大米、白面、罐头等食品,他都让战斗部队和伤病员优先享用。

  1931年春,我在红四军军部交通队当班长时,经常担负给军首长传达命令的任务,那个时候战场情况紧急,变化很快,来不及写信和书面命令,常常派传令兵口头传达战斗命令。他怕我们文化低,听不懂、记不准,每一次交代任务,都亲切地问:"听清楚没有?记住了没有?"并要我们"复诵",直到完全熟记,才放心地让我们去执行任务。一天夜晚,他派我和传令兵陈家柱到红十一师给许继慎师长送作战命令,因要通过敌军防区,他便悉心关照说:"穿过敌人驻地有危险,你们要特别小心,人在信在,人不在,信也不能让敌人得到。班长装好信走在后面,传令兵走在前头观察动静,遇到意外情况,你们要沉着机智,互相掩护。"他的亲切关怀,使我们心里热乎乎的,浑身充满了力量。我记得那天夜晚很黑,为避免同敌人遭遇,我们离开大路沿着丘陵野地悄悄行进,有3次碰上敌人的游动哨打手电、问口令,我们都灵活隐蔽地走过去了,顺利地完成了任务。

  徐向前从当师长、军长到总指挥,始终和干部战士同艰苦、共患难,战士吃南瓜、红苕,他也吃南瓜、红苕;战士睡铺草,他也睡铺草。衣服破了,自己缝补。有一次,警卫员张培真看到他的裤子破了一条口子,让他换下来找老乡补一补,他说:"你把针拿来,我自己补。"只见他穿针引线，一会儿就补好了。小张好奇地问他："你为什么一定要自己补呢?"他笑笑说："小鬼，你要记住，我们是红军，自己能做的都要自己动手，尽量不让群众侍候我们。"行军中，他把战马让给伤病员和女同志骑是常事，自己走累了才骑马，常常在马背上哼一段京戏。他爱拉京胡、吹箫，到了宿营地或战斗间隙，有时就拉拉京胡、吹吹箫，还挺悠扬悦耳的。

徐向前十分重视培养爱护干部，正确使用干部。对待工农干部，注意通过办学校、教导队提高他们的军事、政治素质；对待知识分子干部，主要看他们的优点、长处；干部有缺点和错误，给以批评教育，要对错误有认识才能使用。

徐向前自己爱学习，也要求各级领导干部和身边的参谋人员学文化、学军事、学政治。许多干部受了他的影响，养成了学习习惯，有空就找书报看，不懂就问，学会了看地图、画要图、略图，能看懂军事、政治理论书籍。可是，张国焘为了实行他的愚民政策，最怕干部有文化知识，肃反扩大化，把知识分子几乎杀光了。反六路围攻的时候，总指挥部驻在宣汉县胡家场北面叫红岩子的山上，张国焘来总部开会，会后与徐总指挥、陈昌浩政委等同志闲谈。我在一旁插话说："牛顿这个人很了不起呀，他懂得天文，还有个什么定律?"张国焘惊奇地说："啊！徐深吉你怎么知道牛顿？你要考考我们这些大知识分子呀？"这下把我吓了一跳。心想，糟了，搞不好张国焘要把我当知识分子杀掉。我说："为了给教导队的学员讲清利用星球判断方位，我在《世界一舆图》天文学里看到有个牛顿。"当时徐总指挥说："徐参谋天天找我问生字，看书看不懂常来问我。"听了徐总指挥的解释，我才松了一口气。

（徐深吉）

"若不是徐总指挥的保护说不准我这脑袋早掉了"

——徐向前和周希汉

1931年春天，在鄂豫皖苏区开展了一场大范围"肃反"，在红军和革命政府中大抓"反革命"。在这由张国焘亲自领导的肃反扩大化中，发生了一桩桩骇人听闻的事件。出身不好的人，有点嫌疑，抓；文化高的知识分子，思想、生活上有小毛病，抓；不小心丢了枪零件的战士，抓；就连说了几句怪话或办了件错事的同志，通通抓。一时间搞得苏区人心惶惶，许多好同志被打成了"反革命"关押起来，许多人被劳改、被杀害。

徐向前总指挥经常在前方指挥作战，只听说后方抓了不少人，却搞不清到底抓了些什么人。这一天，他回总指挥部有事，到了开饭时间，像往常一样一个人走进了伙房。他是山西人，不大习惯吃米饭，却爱吃锅巴，只要一有工夫，他就常常自己溜进伙房向炊事员要块锅巴吃。日子一长，炊事员都知道了总指挥这个嗜好，每次都主动把锅巴给他留着。有时烧饭时火大饭煳了，总指挥也不在乎："没关系！黑乎乎的锅巴更香哩！"久而久之，每个炊事员都和徐总指挥挺熟悉。

徐向前在伙房看见锅台旁站着个陌生的小红军，不由问道："小鬼，我怎么不认识你？"

"我叫周希汉，是刚从劳改队来的。"

"劳改队？你犯了什么错儿？"

"我……"

徐向前见小鬼低头说不出口，就想到一定是肃反中什么人咬了小鬼一口。一追问，果然如此。这小鬼因为讲怪话，又是小知识分子，就被保卫局抓入了劳改队，可又实在找不出多少证据，于是把他放到炊事班考验考验。徐总指挥细细一问，这小鬼参加红军两年了，打过好几次仗，在家读过几年书，因会写几笔字所以在连队当过小文书。徐总听了，翻看了他写的账本，见字写得不错，就说：

"小鬼，你就跟我当书记吧！"

周希汉说："我没干过，怕干不好。"

红小鬼做梦也不敢想，他这个"反革命嫌疑"一下子成了总指挥身边的书记官了。

可是，徐总指挥的一个警卫员心里却总嘀咕：干吗把这么个有嫌疑的小鬼留下呢？他好心地悄悄向徐向前说：

"总指挥，你还是把那个小书记放到连队去吧，他……"

"他怎么了？"

"他可能被'老三'咬过！"

"老三"是指肃反中被怀疑的"第三党"。由于审讯中逼供，有些人挺不住就乱供乱"咬"，结果是越逼供假案越多，"第三党"越"咬"越多。徐总严肃地向那个警卫员说：

"不要听那些话，什么'老三'、'老四'的，他小小年纪当红军都几年了，怎么会是'第三党'！"

"我也不信，"警卫员说，"可他有文化，出身肯定不好，家里不是地主也是个富农，要是贫苦人家出身，哪能读得起书！"

徐总说："是呀，穷苦人家的子弟大多是念不起书的，可是，念过书的人不一定不革命。工农革命，如果没有念过书的人参加，我看不能成功哟！"

一番话，说得警卫战士心里热辣辣的。

这时，前方战事正紧。徐总指挥从来是靠近前线挥作战的，在开赴前方时就把那个小书记官留在后方。一来是为了减少前线指挥所的人员，二是小书记"劳改"几个月身体差劲，把他留在后方养养身子。徐总还亲自关照炊事班长要让小书记吃饱吃好些。

小书记眼里含着热泪送走了徐总指挥。

几天后，徐总返回后方开会，却找不见小书记了。

"他被关押起来了。"有人告诉总指挥。

"关押？为什么事儿？"

"前几天转移驻地，他在前头号房子时把宿营地搞错了，张主席生了气，说他是有意搞破坏。"

徐总问："关在哪里？"

警卫员说保卫局抓走了。徐向前说："快到保卫局，把周希汉要回来！"过了一会儿，警卫员回来报告说："保卫局的人说，周希汉是改组派，不能放。"徐向前听了非常生气，亲自来到保卫局。

徐总在保卫局撞上周希汉被五花大绑准备拉去受审。

徐向前大声喝道："放开他！他是我的书记！"

"他有意搞破坏，是……"看押的人想说是"反革命"。

"放了他，周希汉是贫农，是我的书记，我了解他。"

"这……"

徐向前不容看押人多嘴，亲自解开周希汉身上的绳子把他带回去了。

徐向前尽自己所能帮助了许多好同志，然而他却无法改变肃反扩大化的趋势。

当年的这位红小鬼，如今成了人民解放军的高级将领，每当谈起他的红军生涯时，常常摸着脖子感慨地说："红军时期肃反扩大化，若不是徐总指挥的保护，说不准我这脑袋早掉了！"

（卞小奇）

徐师长批准我当红军

童年，这个美妙的字眼，从古及今，人皆有之。而这美妙的人生开篇，在我的一生中涂上了时代的色彩，播下了革命的种子，让人永难忘怀。

记得，那是在土地革命的年代里，我们大别山一带到处点燃了工农武装斗争的烈火。1929年，我11岁那年，不知咋的，我家乡豫南新县白沙关，这个大别山深处的小关隘，突然一反往常，革命之风把它从沉睡中唤醒过来，群众的情绪像点燃了的火把，像烧开了的锅。白沙关一下子热闹非凡，大人们在夜晚、雨天、空暇，一得空便三五成群，聚集一堆，背着小伢们轻声细语，论长道短，神秘极啦！

大人们越是背着我们伢子，我就越想瞧到。赶巧，一次黄传福、潘孟发等十几个人在街北头一间破屋里密谈，让我瞧见，便小猫似的溜到屋旁偷看，这下子全明白了，原来他们在开密会。一个穿长袍、像教书先生模样的外乡人，小声有力地宣讲什么"我们要革命"、"穷人不还富人的债"、"打土豪、分田地"、"要斗争就要组织农民协会……"

听着听着，我情不自禁地拉长嗓子拍着巴掌喊："噢——知道了新鲜哟，要革命哟！"一溜烟地跑了。

1929年7月1日，光山县南部的农民在柴山保红军配合下，举行了大暴动，一举攻下了我们白沙关。

在欢迎起义队伍时，我看到红军战士一个个精神抖擞，身穿蓝布军装，头戴八角红星帽，脖子上系根赤化（色）带，手握钢枪，好不威风。走在起义队伍前的是一个二十四五的英俊青年，他腰间缠着一条又宽又厚的皮转带，带囊装满了铮铮闪亮的小子弹。他肩头斜挎着一支驳壳枪，走起路来，枪上的红绸子一飘一闪，越发引人注目。

一天中午，王树声正在给村里几个青年讲穷人要翻身的道理，我便冲进门，红着脸怯生生地央求说：

"王代表，你们要不要我？"

"干什么？"

"当红军。"

王树声打量一下我，问："你几岁啦？"

"都十一啦！"我挺挺胸脯，抬抬脚跟，显示高大地大声答。

"啊——才十一，太小太小。"

"那你说多大能行？"

"小兄弟,这样吧,再等一年,待下次部队转过来怎么样?"

我知道他们在谈工作,听了宽慰话,也就满意地连蹦带跳地跑出了门。

一年,说起来轻巧,可等起来,真难熬呀!

说来也巧,事过半年,王树声的队伍又来到白沙关。王树声和勤务员小汪又住在我家临街前屋。同时,来前屋住的还多了一位比王树声略大两岁的陌生人,长得细高挑,瘦脸庞,高高的鼻梁,亮亮的大眼,说话虽听不大懂,可温声柔腔很亲切。开始,我很腼腆,不敢接近他。后来看他和战士们很融洽,王树声叫他"徐老师"。我想这人准是个大官。果然,秘密让我瞄到了,原来他是王树声的上司,红三十一师的师长,名叫徐向前。徐师长闲时还常逗我玩,慢慢我对他也和对所有红军战士一样亲近了。

看到徐师长、王代表那么和蔼可亲,我想当红军的念头又在心里翻腾起来,对说好的一年期限我不能信守了,我央求妈妈和姐姐给我帮腔,她俩很赞同。

一天,徐师长、王代表正在谈论扩大红军的事,我便憋不住地脱口而出:"徐师长、王代表,你们这回总该要我当红军吧?"

"咦——"王树声扭过头,冲我问,"咱们不是说好一年吗?"

王树声又把半年前我要求当红军的事向徐师长说了一遍。

徐师长温情地点点头,瞅着我说:"这小鬼,别看人不高倒还想得高。"

"徐师长,"我抢着说,"是王代表不守信用。他耍赖,他还说过下次来带我。"

"噢——这小鬼还满会钻空子哩。"

我嚷着说:"我没钻,我没钻,不不,我就要钻,偏要钻……"

听着我耍赖、撒娇的话,逗得两位红军首长都乐了。

徐师长和蔼地问:"你能扛动大枪吗?"

"我不要大枪,我要吹号、送信。"

"那你跑得动吗?"

"我不吹牛，有一回还撵上过兔子哩。"

"好家伙！你有这么大能耐，我不信，"徐师长逗着说，"我看八成准是只死兔子。"

话落，三人都开心地笑了。

"还是再等半年吧！"王树声说。

我拨浪鼓似的摆着头，赌气地说："都快把人急死了，要是不答应，你们走时我就拽住马尾巴不让走。"

"嘿，小家伙真倔。"

两位首长交换了一下眼色，徐师长赞同地对我说："你妈让你走吗？"

这话有门儿，我赶忙答："一百个同意，不信你问去！"话落，我又怕他不去问，误了事，就赶紧扯着大嗓门，朝正在后屋烧饭的妈喊："妈！你同意我当红军吗？"

"同意——"

"你听你听，我没骗你吧。"

"那好，我们就收下你这个小鬼。"

王树声刮了我一下鼻子说："哎呀，你这个小兄弟，硬是'赖'上革命啦！"

接着，徐师长又告诉王树声，把我编到大队部当勤务员。

我当勤务员后，心里高兴，干得欢快，整日里除扫地、打水、送信外，我还抽暇到塘堰、河沟摸鱼、捞虾，送到食堂，给首长和同志们打牙祭。大家快活，称赞我，我心里甜蜜，干得更欢。

日月流逝，转眼到了旧历年关，几个月的红军生活，我心里有99个顺心和快活，唯缺一个不顺心，那就是还没摸上枪。没枪哪像红军样，所以，我心急万分，一打仗就要求参加，总想碰个机会也同大人一样夺支枪。

腊月二十八日那天，我团（大队改为团了）奉命去打陡沙河。当时天正下着鹅毛大雪，天冷、雪厚、路难走，首长和同志们让我留"家"，可我心揣小九九，硬是赖着要去。

陡沙河在我军两天的打击下，守敌招架不住，等援军解救又无踪影，无奈，只好趁着夜幕出东门，向连塘方向逃跑了。

部队从陡沙河撤出后，又去扫除崩河坎，这是一个巴掌大的小山寨。寨内是清一色的土豪劣绅，顽固极啦。我军围住寨子后，先是喊话、劝降，死硬的敌人不仅不听劝，还进行谩骂。气得大伙立刻切断他们的水源，在王团长一声命令下，战士们一阵猛攻，攻下了寨子。清点战利品时，我一眼看到有支小马枪，顺手抄起和我个子比，恰好矮一头。我想："这也许就是徐师长说的那种不大不小的枪吧。"于是，我便把小马枪紧紧搂在怀里。这事，正好被王团长看到了，他问：

"想要吗？"

"想！"

"好吧，我代表徐师长把这支小马枪发给你，希望你不忘徐师长对你说过的话，用它好好为穷苦人打天下，战斗到底。"

听到王团长的话，不禁使我想起缠着徐师长要枪的情景。那是我穿上军装的第二天，心想手里没枪不像战士，可长枪太沉太长扛不动，于是，便瞄准了徐师长腰间的驳壳枪，就赖着死命要。徐师长缠不过我，许愿地对我说："咱红军战士的规矩是枪得从敌人手里夺，用着才有意思。你年龄小，自己缴不到，我告诉王代表让他负责给你从敌人手中缴一支不大不小的枪。"

打这以后，徐师长说的那种不大不小的枪，总在我脑海里浮现着，今天，实现了，王团长把新缴来的小马枪授给我，自然心比蜜甜。我暗暗下了决心："小马枪呀小马枪，你是革命的命根子，我决心带着你按照徐师长的指示，好好干，革命到底。"

（游正刚）

"要努力学习啊"

1932年2月，我们十师师部特务二连，奉命在豆腐店狙击敌人，我们正和敌人争夺街西头阵地，战斗正激烈的时候，徐向前总指挥和几位首长冒着敌人炮火来到豆腐店前沿阵地。徐总的到来，就像给我们带来千军万马，给我们很大鼓舞。

由于所处斗争环境关系，我参加红军已经两三年了，只见到徐总指挥两次，而且是匆匆而过。见到的少，听到的多。一些同志，像我们的黄连长、"傻子"排长，他们跟随徐总打过仗，说起徐总来滔滔不绝、有声有色，有些具有传奇色彩。他们说："徐向前总指挥神机妙算，用兵如神。"有的说："徐总英勇顽强，机智灵活，坚定沉着，稳如泰山。"有的说："徐总爱兵如子，惜兵如命，用兵如金。"有的说："徐总艰苦朴素，士兵表率，作风模范。"在谈到京汉线大捷时，他们说："徐总早把敌情掌握在心里了，战斗打响以后，他的大手在地图上一挥，就像秋风扫落叶似的，把京汉铁路上的敌人打得七零八落、东逃西窜。他右手食指往双桥镇一指，敌三十四师师长岳维峻就滚鞍落马，被活捉了。"在人们中还传颂着这样的歌谣："徐向前来了打胜仗，吓得蒋介石发了慌……"

我这是第三次见到徐总指挥，怀着十分敬仰的心情和好奇心，一边给首长们生木炭火取暖，一边看望徐总指挥。头两次只看到首长的侧面，今天可要仔细端详我们的最高指挥官。徐总是位高个子，威武健壮，气宇轩昂，两道浓眉下一双明亮的大眼睛闪烁着刚毅、深沉、果敢的光芒。他身穿灰棉衣，头戴红军帽。腰间皮带上挂着手枪，腿裹绑带。白布袜黑布鞋上沾满了泥巴。他那瘦削的面容对人十分和蔼亲切。在我给他送茶时，他见我一身湿、满脚泥，关心地问："小同志，冷不冷？"我两脚一靠，肯定地回答:"不冷!"他还问我是哪里人,多大了,上过学没有,什么时候参加红军的。当他知道我已经是 16 岁的党员时,用手拍拍我的肩头,微笑着鼓励我说:"啊,小党员,要努力学习啊!""是!"我诚实地回答。

外边的枪声又激烈地响起来。我拿起小马枪跑到阵地上同大家一起战斗。这时,徐总也来到街头阵地半圆形工事上。看到炮弹左一个右一个在我们阵地爆炸,机枪子弹"啪啪"打在他身后墙壁上,尘土飞扬,我们十分担心徐总安全。他好像没有看见,也没有听见似的,仍然沉着地指挥战斗。

把敌人打退以后,在枪炮声稀疏间歇的一刻,张司务长跑来问黄连长:"是否要给首长另做几个菜?"没等黄连长回答,我抢先说:"那还要问,当然,要多做几个菜嘛。"我的想法是首长指挥大军作战,日夜操劳多辛苦呀,应当给他吃好点。可是黄连长却摇摇头说:"不要。"他顿一顿又说:"你就是做了端去,他也不会吃的,或许还要批评呢。"因为黄连长了解徐总的作风呀。

开饭时,我和勤务员给总部首长送一盆所谓"全家福"炖肉,一盆红烧鱼。徐总起身指着菜盆问道:"大家都吃这样的菜吗?"我高兴地回答:"是的,我们大家都吃这样的菜。"我停了一下又说:"这猪肉和鱼是这里的苏维埃送给我们过年的。"徐总笑笑说:"我们也沾光了。"他说着跟我来到另一间大屋内,看到许多战士(连的预备队)吃的也是两大盆肉和鱼,他才回到桌前拿起碗筷来。

1943 年"五一"前,我路过陕北绥德时,听说徐向前任抗日军政大学校长,住在此地。1936 年秋在会宁见面后,六七年没有见了,很想念首长。打听到他的住处就去看他。我走进徐校长的办公室,见他坐在桌前,聚精会神地看书。徐总听到报告声,抬头见有人进来向他敬礼,便把红蓝铅笔放在书上,立起来,向我伸过手来说:"你好!"我敬过礼双手握住他的手说:"首长好!"在坐下谈话时,我发现首长看着我像既面熟又不认识似的神情,就主动地自我介绍道:"我是原红四方面军第四军第十师特务二连的小鬼。"

"啊!想起来了,小党员。"徐总笑着说。一提起红四军第十师特务二连，他记忆犹新，赞不绝口。他指指警卫员送来的茶杯叫我喝茶，问道："你从哪里来？"

"从晋察冀军区来。"我回答。

"你的身体不好？"徐总见我面黄肌瘦的情形关心地问道。

"不大好。"我没有向首长直说我的身体很不好。我说："我想回到延安检查一下身体，治好病到中央党校学习。"

"嗯，你还年轻，要先治好病，便于学习和工作。"徐总说，"到延安学习是个好机会，在毛主席身边，可以常听到毛主席的声音。"他停一停，又说："毛主席著作是马列主义和中国革命路线相结合的结晶，是引导中国革命胜利的指针。"

"是的，"我完全同意首长的看法，说，"毛主席的书好读易懂，但是要深刻地理解还需要费很大的劲。"

"要多读，多思考。"徐总深有体会地说，"毛主席的理论是解决中国革命问题的科学。所以在学习的时候，要密切联系实际，把书本理论和抗日战争实际联系起来就好理解了……"从那以后，我在学习马列和毛主席著作时，就牢记徐总教导的两条：一是多读几遍，多想一想；二是把书本上说的和工作实际联系起来思考。

（王进轩）

随徐总北上的日子里

1936年初春的川西原野，披着郁郁葱葱的绿装。村舍周围苍松翠竹随风摇曳，像是同远征红军挥手告别。送别红军的乡亲们依依不舍地说："盼望红军早点打回来。"是的，我们一定要打回来！

四方面军总部机关和直属队的指战员们，排着长长的队伍，于2月中旬的一天早晨，分别从芦山县的胡家坪、卫家山、禾林坝整装出发了。我们终于迈出了再次北上的第一步，但这是多么艰难的一步啊！自去年9月，张国焘擅自率红四方面军南下川西以来，与敌重兵相峙，陷入被动局面，使部队遭到损失。特别是后来，川军及蒋介石的嫡系薛岳、周浑元、吴奇伟、李抱冰部从东南和东北方向围攻上来，激烈的战斗不停，伤亡不断扩大，兵员得不到补充，局势一天比一天严重。在这段时间里，我们这些在徐总身边工作的参谋、警卫员，都看到一向指挥若定的徐总，显露出焦虑不安的神色。常常通宵达旦地翻阅侦察局每天送来的敌情资料，研究分析敌情，或是伫立在悬挂着大幅作战地图前，沉思默想。由于日夜操劳和精神上的焦虑，他的身体明显消瘦了。我们还看到，在这些日子里，徐总不断地向朱总司令汇报敌情及我军的情况，并提出建议：红军不能再继续与敌人长期对峙拼消耗了，而应迅速撤离川西，到夹金山以西休整，然后北上与一方面军会师。朱总司令完全同意和支持徐总的正确意见。由于朱总司令和徐总既坚持原则，又采取了灵活的方法对张国焘做了工作后，张国焘才被迫同意四方面军转移到党岭山以西地区筹粮休整，准备过草地北上。1936年2月初，在纪念"二·七"大罢工大会上，徐总对北上的准备工作提出了明确而具体的要求，就连干粮怎么带、着装怎么整理都讲到了。开完会，徐总的警卫员熊家林，跑过来笑眯眯地对我说："你是参谋应知道，我正在为上路的准备工作发愁呢，徐总指挥这样一讲，我照着一件件做，不就行了吗？"

在徐总指挥的计划下，北上的准备工作紧张而有秩序地进行着。先是搞干粮。四川的天全、芦山一带是鱼米之乡，虽然一时住了那么多部队，但粮食还不算很缺。我们向群众购来大米后，先放在锅里煮熟，然后再炒一炒装进米袋。每个人连生带熟都带了40余斤米，准备走千多里路程的干粮。至于个人的行装，那简单得很，就是三大件：一个斗笠、一副脚码（铁打的，有四个码钉）、两条干粮袋。至于军衣，有的是把缴获土豪的长袍，拦腰剪断，胸前开个口，缀上几个布扣子，就穿起来；有的是用稻草灰染的灰布衣服。多数战士没有棉衣，更谈不上被褥了。当时徐总穿的还是在川陕苏区发的一套棉衣，已穿得补丁摞补丁了。徐总除多一个望远镜外，其他和干部战士没有什么两样。

出发的军号吹响了。我们这支服装不一而思想一致步伐整齐的红军队伍，雄赳赳、气昂昂地向夹金山挺进。紧跟在方面军总指挥部直属队后面的是"红大"。"红大"政治连连长是皮定均。皮连长身材不高，但结实有劲。他身上斜挎着一支盒子枪，肩上还挑着粮食和行李，一副担子一直走在队伍的最前头。徐总站在路旁观察部队行军情况，看到了满头冒汗地皮连长，向他赞许地点了点头。这时"红大"行军纵队吹起休息的号声，徐总便让我招呼皮定均同志过来，要他谈谈全连同志的思想、学习情况，军、政课目的训练进度，以及这次北上每个学员携带的粮食等情况。皮连长一一向徐总作了汇报。还未讲完，行军的号又吹响了。皮定均刚站起时，徐总笑笑说："讲完吧，你给我讲了这么多，我还没有给你讲呢。"他要皮连长让指导员带着连队先走，并把自己的乘骑牵过来让皮连长驮行李，这样好和皮连长边走边谈，皮定均手里拿着扁担，徐总那睿智的目光朝皮连长看了一眼，然后语气柔和地说："定均同志，你在军里通信营当营政委时，管理严格，打仗勇敢，但好训人，有时还骂人，现在改了没有？"皮定均同志羞赧而直率地说："有时一看到有的同志捅了点娄子后，就好发火、训人，还没有全改。"徐总亲切地说："发火训人是不好的，你把人训跑了，不敢接近你，你怎么了解战士的心呢？你是政治连连长，培养的干部主要是指导员和教导员。首先你就要会做政治工作。作为一个政工干部，寒冷的冬天是连队的一团火，全连战士围着感到温暖；炎热的夏天是一把扇，人家靠近你感到凉爽！"皮定均听了徐总语重心长的话，不断会心地点点头。他们并肩走着谈着，徐总时而挥动着手势，不知不觉来到了夹金山山脚的宿营地。徐总让皮连长骑上他的马追赶连队。

一天清早，东方刚现鱼肚白，清脆的军号声就把战士们从"金丝被"（稻草铺）的酣睡中唤醒了。今天就要翻越夹金山了，大家心情激动，连队干部仔细地检查了翻山的准备工作。徐总要作战科在头几天就通知部队，各连要准备些生姜、辣椒，以便到了冰封雪冻的山顶，每人嚼点生姜、吃些炒面拌辣椒，可以发热御寒。

夹金山上下有百十里路。部队必须在中午12点前翻过山顶，以免遇上凶恶的暴风雪。因此，部队凌晨3点就出发了，浩浩荡荡地向山上攀登。徐总和大家一起步行，脚踩着冻得硬邦邦的"水晶路"，一步一滑地向上爬。他虽然日夜操劳，休息比谁都少，是够累的。可是爬起山来还能把年轻小伙甩在后头呢。在将近到达山顶转弯的路旁，徐总停下脚步，回过头来俯视下面，只见队伍像一条巨龙，沿着雪山崎岖的道路盘旋而上，望着这支百折不挠的部队和眼前壮丽的情景，徐总那饱经风霜的脸上舒开了笑纹。

徐总沉思着踱了几步，大有感慨地说："去年6月初，一、四方面军就是在这里会师的，这是座不平凡的雪山，它永远铭记在人们的心中。"站在旁边的识些字的一位参谋，触景生情，脱口而出："夹金山呀夹金山，高耸云霄戳破天，我站在你头上歇歇脚，凑着太阳抽袋烟。"徐总称赞地说："不错，谁再来一首。"参谋杨文先沉思片刻，吟诵着："夹金山，有人说离天只有三尺三，人过要弯腰，马过要卸鞍。红军战士多豪迈，不弯腰，不卸鞍，要拨开乌云见青天。"

已经中午了，我们爬上山顶，身上的汗水润湿了单薄的衣服，觉得冰凉。一片乌云遮住了太阳，这时云雾翻滚，狂风大作，山风卷着雪花，发出刺耳的呼啸声。我们冻得浑身哆嗦，大家咬牙坚持着，加快步伐向山下走去，顺着溜滑的冰雪道，有的同志如坐滑梯"哧溜哧溜"地滑了下来。约莫走了30多里路，到了一个名叫夹金水的地方。这是只有四十来户人家的小村子，村里设有一个小兵站，原是红军南出川西时，后方人员及通信人员翻越夹金山的中转站。到兵站时天快黑了。我给徐总端来一杯开水，徐总却说："走吧，把这里留给后面的部队。"在夜幕下，马蹄铁掌碰在石头上迸出的火星与天上的繁星交相辉映，在"嗒嗒嗒"的马蹄声中，我们又向前方驰去。

过了懋功以后，一天，赶了百余里的路程，跨过两座悬挂河床上空的铁索桥。人走在铁索桥上，桥身摇摇晃晃，如同走浪木。桥下波涛汹涌，吼声如雷，令人眼花心惊。过了铁索桥，便来到五军军部驻地丹巴。

董振堂军长远远地来丹巴铁索桥头迎接徐总，徐总询问了部队的情况，在五军军部只休息了一天，给董军长、罗南辉副军长、杨克明主任作了有关北上的指示，又率部队沿着奔腾咆哮的大渡河支流石扎河，向西北继续前进。

湍急的河水咆哮声震耳欲聋，傍山临河的羊肠小径，曲折险峻，上看是悬崖，下望是深渊。沿河两岸的大山里黑压压的原始森林遮天蔽日，时而太阳从树枝缝隙里透过灿烂多彩的光柱，时而天昏地暗，云罩雾绕，仿佛人在云里来雾里去。相隔十几里，才偶尔有几户稀疏的小山寨。山寨都坐落在半山腰，要到这些山寨宿营，需爬一两个小时的山。战士们跋山涉水太疲劳了，为了使战士多休息些时间，徐总指示就在河岸边上就地露宿。总部露营点设在一段河水比较平缓的岸边一块平地上。我们砍些树枝，搭起棚子，顶上盖些茅草、细松树枝，里面铺上厚厚一层枯草、干树叶，就是我们夜晚的"绿色旅店"。徐总走进棚子，往地铺上一坐，学着四川腔风趣地说："小娃子哎，你们硬是把这地铺搭得很安逸哩，都赶上沙发床啰！"我问："沙发床是啥玩意儿呀？"徐总说："等将来革命胜利了，人人都睡上了沙发床，你就知道了。反正就跟这一样，软和、舒服！"我们和徐总躺在"沙发"上，仰望银灰色的天空，憧憬着美好的未来！

夜幕垂落下来了。河沿岸到处燃起了通红的篝火。部队有的用铁锅，有的用瓷缸烧水、煮饭。没有油，也没有盐，白开水拌点炒面，便是一顿美餐。饭后休息的滋味也不好受，由于连日来战士们负重五十多斤，跋山涉水日行七八十里，大家脚上穿的是草鞋，走在冰天雪地里，风吹、冰凌刮，脚上裂出了一道道血口，行军时，注意力集中在赶路上，有时还不觉怎么痛，可是在这夜凉如水的寒夜里一歇下，那张着的血口，像猫抓似的疼。徐总脚上裂的口子也不比别人少，但他的吃苦精神和忍耐力是惊人的，一脸轻松愉快的表情，口里哼着鄂豫皖苏区时的红军歌曲："高山岩洞是我房，青枝绿叶是我床，哪怕白匪来围剿，海枯石烂心向共产党！"歌声伴着"哗哗"的流水声和松涛声，久久地、久久地飘荡在我们心中……

这一带原始森林有许多珍禽异兽，成群结队的猴子聚在一起，"吱吱哇哇"乱叫，逗得战士们发笑。部队顺着格石扎河接连走了两天，越过一座终年积雪、上下百余里的雪山，接着又翻过比夹金山还高的党岭山，继

89

续走了几十里,便来到当地土司衙门的一座庙宇。土司、头人听说红军来了,早已跑光了。阴森森的庙堂里坐、卧、站着各种奇形怪状的神像。徐总尊重藏族"喇嘛庙里不住兵"的风俗习惯,让部队避开庙堂住下。第二天,就直奔鲜水河边的道孚县城。道孚、炉霍、甘孜是康藏大道上的重镇。为了正确执行少数民族政策,部队一进藏民区,徐总就派人通过各种途径了解这里的社情民情。这里的藏民半牧半农,以牧为主。藏民都信奉喇嘛教,喇嘛教的势力很大,其中黄教派的势力最强。道孚县城有一个很大的黄教喇嘛庙。小小的道孚县,有喇嘛八百多。在狭窄的街道上到处可以看到穿红袍子的喇嘛。喇嘛庙里有维持教规的铁棒喇嘛。喇嘛庙建筑得比较精美。喇嘛在当地居民中,文化水平比较高。藏民群众医病、建筑、畜牧生产都得依靠喇嘛。大喇嘛如活佛呼图克图则是道孚县政教合一的首脑。这里的经济落后,一般群众一年四季不分冷暖总是穿着一件油渍的羊皮统子,一件皮统子往往重达20来斤;文化水平也低,结绳记事的方法在群众中还很普遍。藏族人民群众受着宗教和封建农奴主的奴役和压榨,过着人间地狱般的悲惨生活。由于封建军阀多年来对藏族人民的残酷剥削压迫,他们对汉人充满仇恨,对红军是不理解的,经过我们耐心的宣传,略为好些。道孚、炉霍、甘孜,是四方面军准备过草地北上的出发地,是休息备粮的中转站。因此徐总特别强调部队要注意群众纪律,搞好同群众的关系。方面军总部3月初到达道孚时,除坚决执行"三大纪律、八项注意"外,针对具体情况又提出了"一遵四不准"的要求,认真宣传我党提出的各民族一律平等、抗日反蒋、反对帝国主义瓜分中国,只有共产党才能救中国等政策和思想,扩大我党我军的政治影响。徐总经常对我们这些身边的工作人员说:"宣传是重要的,但更重要的是做。"3月的道孚,仍是寒风凛冽、雪花飞卷。我见徐总穿得单薄,房子又左右透风,便找了一个破瓷盆,到伙房的炉灶里夹了些大块炭火,端进他的房间。徐总见盆中有大块木炭,就对我说:"告诉作战科,通知所有的部队不能乱砍藏民成材的树木烧火,要爱护群众的利益。"少数民族的大部分群众见我军纪律严明,说话和气,买卖公平,尊重风俗习惯,逐渐同我们亲近起来,并给我们许多帮助。部队吃粮困难基本得到解决,也能买到了牛羊肉,生活上稍有改善。

徐总的住处，是个喇嘛寺旁边的一座厢房。壁上挂满了地图。徐总每天都要听取作战局欧阳毅局长搜集的敌情汇报，并根据敌我情况的变化，用红蓝铅笔在地图上标出敌我态势。

这天，天气特别冷。但是因房子里生了盆炭火，便显得暖和多了。当四方面军副总指挥兼三十一军军长王树声推门进来时，徐总立即从凳子上站了起来，走上前去，高兴地拉着他的手，把他迎进内屋。王副总指挥是来参加团以上干部会议的。这位在黄麻起义中冲杀出来的、叱咤风云的战将，一向对徐总很敬佩，军事政治上遇到什么难题，总是愿意向徐总请教。徐总也很喜欢王树声同志性格耿直、英勇善战。徐总平时虽然少言寡语，但今天和王副总指挥在一起时，仿佛有说不尽的话。他们从全国抗日浪潮的高涨说到一方面军与陕北红军胜利会师；从南下指战员英勇作战、打了许多胜仗说到南下我军兵力消耗过半的教训。王副总指挥说南下虽然打了绥（靖）崇（化）丹（巴）懋（功）战役，击溃杨森、刘文辉六个旅，俘敌3000余人；天（全）芦（山）名（山）雅（安）邛（崃）大（邑）战役，虽毙敌10000余人，但我伤亡很大。徐总叹了一声说："军事上的努力挽救不了政治错误带来的损失，这血的教训是深刻的。"两人谈了很长时间，对一些重大问题都有一致的看法，对张国焘明显地流露出不满。

3月中旬至4月1日，张国焘在道孚召开的四方面军团以上干部会议和活动分子会议上，他一方面被迫承认"红军如果长期停留在川康地域内是不利的"，"不能适应目前全国抗日反蒋的形势"；另一方面仍坚持认为南下是正确的，为他的错误辩解。会上，徐总讲了南下几个战役特别是百丈关一仗的经验教训。正在这时候，党中央、毛主席不断地给四方面军来电，热烈期望四方面军迅速挥师北上。3月26日来电指示四方面军："第一步向川陕甘及陕南行动为宜。"徐总随即将原电向到会的各军领导干部宣读了，并提出了北上出甘南的各项准备工作的具体意见，要求各军抓紧筹备过草地的物资。他说："要动员部队，多带些干粮，多打草鞋，做一些帐篷，用生羊皮做一些背心，多搜集一些药材。要练习用牛粪烧火做

饭，尽量减少再次过草地中的非战斗减员。"会后，徐总深入各军检查执行情况。

5月26日，党中央来电询问红四方面军行动计划。徐总及时把方面军行动计划电报中央。在党中央的批评及中共驻共产国际代表张浩（林育英）电告张国焘，共产国际完全同意中央路线，令其取消"第二中央"的情况下，张国焘于6月10日复电中央，同意6月底出动北上，准备向夏河、洮州西北行动，仍不愿与中央会合。由于朱总司令、徐向前总指挥及方面军其他首长与张国焘坚决而灵活的斗争，特别是徐总经常对张国焘微言大义，终于使张国焘勉强接受。于6月25日徐总制定了红四方面军准备北上，分左、中、右三个纵队北上向松潘、包座进军的部署。6月26日徐总命四方面军三十军李先念政委率领先遣军经西倾寺出阿坝，为后续部队筹粮。27日左纵队五军一部攻占崇化。6月29日徐总向四方面军发布了二次北上的政治命令。方面军政治部亦下达了北上抗日的政治保障计划。于7月2日开始踏上向陕甘的征程。徐总为四方面军北上与一方面军会合，日夜操劳，殚精竭虑，作出了巨大的贡献。

（孙继争）

"我也舍不得你离开"

1936年，我在红军四军军部当警卫战士。9月份的一天上午，军直机关党委吴书记找我谈话。一见面，他就乐呵呵地对我说："小余，准备把你的工作调动一下。"

"好哇！坚决服从组织分配。"我不假思索地脱口而出。可是，调什么工作呢？我心里在猜测。

吴书记好像看透了我的心思，直截了当地说："叫你给徐向前同志当警卫员,有什么意见吗?"

徐向前同志的名字,我早就熟悉。在第二次国内革命战争时期,他是鄂豫皖革命根据地创始人之一。在我的家乡河南省商城县组成的红军第四军,他任副军长。给这样一位首长当警卫员,我一定会得到更多的教益,我喜悦的心情是无法形容的。我说:"给徐总指挥当警卫员,太好啦!"紧接着又问:"今天就去吧?"

"看把你高兴的!"吴书记笑着用手点点我,"今天准备一下,明天早上去。"

从这以后,直到1939年春,我一直在徐帅身边,他的一言一举,都给了我深刻的教育。40多年过去了,但很多往事,至今我还记忆犹新。

在长征途中徐向前同张国焘进行坚决斗争之后,冒着生命的危险,步行数千里到延安,向党中央、毛主席,揭露张国焘的罪恶。

那时,徐向前换了一身粗蓝布大褂,牵一头小毛驴,怀里揣一本算卦的书,肩上扛个钱褡子,扮成一个算命的先生,一位营长跟随,沿途依靠人民群众,巧妙地闯过敌人的层层岗哨,顺利到达四军军部。我就是徐向前从四军军部前往延安途中,在离西安不远的童子镇,派往给徐向前当警卫员的。

徐向前到延安后,由于在长征途中历经千辛万苦,身体很虚弱,毛主席送给他一些大米、白面和肉食之类,让他补养身体。他把大部分分给我们警卫战士和工作人员,自己常常吃小米饭就咸菜。我们看着他身体很消瘦,不忍心分享毛主席送给他的食品,他就生气地问我们:"毛主席分给我的东西,我接受了;我分给你们,为什么不接受呢?这也是命令啊!"我们说:"你在吃小米饭和咸菜呢!"他笑笑说:"我就是爱吃延安的小米饭嘛!"说得那样深情,我们无不为之感动。

每当吃饭的时候,他都要问问我们,吃饭了没有?吃的什么饭?还经常亲自去看看。他担负着那样的重任,工作又是那样忙,却时刻把普通战士放在心上,而且心又是那样的细。

我们跟徐向前的内卫是3个人。徐向前有一匹马。但他总是坚持走路,很少骑马。特别是部队开往抗日前线,每天都要行军打仗,他也很少骑马，经常把马让给伤病员和年老体弱的同志骑，自己坚持走路。我们劝他骑我们的马时，他总是说："走路是一种锻炼，锻炼锻炼很有好处。"

1936年冬，后勤部门发给徐向前一条线毯，说他一条薄被不能御寒。徐向前又把这条线毯给了我，我说啥也不愿接受，他说："你们警卫战士辛苦，我住得比你暖和，一条棉被就行了。"一定要我收下来。我推辞不下，只好收了下来。这条线毯我十分珍惜，一直用到新中国成立后好多年。每当我盖上它，心里便涌出一股暖流。

1939年春，抗日战争进行到第三年，我军力量有很大发展，各地都需要干部。徐向前亲自给张显若写信，派我到他领导的教导团学习，并根据两年来对我的了解，将我学习结业后工作安排的建议，都详细地写在信里了。

临走时，徐向前还亲切跟我谈了话。他指出我的优缺点，鼓励我好好学习，努力工作，为革命多作贡献。我向他诉说了舍不得离开他，愿继续给他当警卫的心情。他深情地说："革命同志分别时，都依依不舍，我也舍不得你离开。现在你要去担任比这更重要的工作，这是革命的需要，我们只好服从。"

这些，对徐向前来说，虽然都是一些微乎其微的小事，但从这些小事中，反映了徐向前平易近人的高贵品质，以及对人民群众深切关怀的无产阶级革命家的本色。

（余家江）

"他们是革命的功臣"
——徐向前和"临汾旅"

"临汾旅"，是我军唯一荣获英雄称号的建制师部队。这个无上光荣的称号，是杰出的军事家徐向前元帅亲自授予的。

1948年5月，在攻打临汾的动员会上，华北第一兵团徐向前司令员提出，第一个攻入临汾城的部队，将报请军委批准，命名为"临汾旅"。战后，徐向前在庆功大会上，向最先突进临汾城的23旅颁发了"光荣的临汾旅"横幅锦旗。

1968年的一天，当徐向前元帅听取"临汾旅"代表关于部队现代化建设汇报时，按捺不住喜悦心情，为这支英雄部队写下了6个苍劲有力的大字："光荣的临汾旅。"

1948年春天，在临汾前线阵地上，出现了一位戴着眼镜、拄着杖棍的军事指挥员。这位军事指挥员身体很虚弱，有时要由担架抬着走。但他的行踪却差不多遍及了前沿阵地的每一个角落。

凡是参加过临汾战役的老战士，都忘不了徐向前元帅瘦弱而坚毅的身影。

他们忘不了：某部在攻打临汾城外壕一个阵地时，连攻5次拿不下来。正在为难之际，徐帅来到了战士中间，及时召集了营、连、排和战士8个人的战术研讨会。他和大家团团围坐，仔细询问每一次战斗失利的情况。有一个战士谈到敌人投掷燃烧手榴弹时，他立即追问："敌人是在什么地方投出来的？谁还见了？它的威力和燃烧情况怎样？"在他的启发和指导下，部队调整了进攻战术，很快就把这块"硬骨头"啃下来了。

他们忘不了：当炮兵和步兵对攻打临汾的火炮射击距离发生争执时，徐帅建议组织一次模拟临汾城墙的实弹演习。演习那天，徐向前戴着草帽，顶着烈日，率领兵团营以上干部来参观。发射炮弹后，他冒着未尽的硝烟，拄着杖棍，一步一步地登上城墙观察炸点。实践统一了大家对火炮射击最佳距离的认识。

他们忘不了：在总攻前夕，徐帅抱病三次召开了担任主攻团的六级指挥员的汇报检查会。那是在一张木躺椅上，他斜躺着身子，左手支着下巴，右手夹着香烟，认真地听着每一个同志的汇报。当一位突击班班长在汇报中只表决心没有内容时，他从木躺椅上坐起来严肃地说："同志！我是要你来谈这次登城的具体组织、人员火器如何配备？从哪条线路登城？如何占领巩固扩大突破口？不是要你来表决心的。"他当场指出这是团里组织准备工作不扎实的表现，要突击团长回去重新研究布置工作。

当年"临汾旅"副旅长，南京军区原顾问吴仕农回忆起这些往事，感慨万千、激动不已。他说："临汾战役的胜利，首先要归功于徐帅的英明指挥和艰苦细致的领导作风。徐帅抓工作具体、周到、细致、落实。在他的严格要求和亲切关怀下，我们才初步学会了怎样当一名合格的指挥员。"

* * *

这是一份陈旧发黄的电报文稿，上面有徐帅亲笔签发的"坚持最后5分钟"的紧急动员令。其大意是：当你最困难的时候，也是敌人最困难的时候，当你因困难而使决心发生动摇的时候，也恰恰是敌人对胜利发生动摇的时候。因此，何方能熬过这最后5分钟，何方就能取得胜利。

透过这份电报稿，我们仿佛闻到了火药味，听到了枪炮声，看到了徐帅那运筹帷幄、决胜千里的音容神态……

那是在临汾攻坚战中，激烈的外围攻坚战已经进行了近两个月。临汾守敌梁培璜妄图"死守待援"、顽抗到底，在城内部署了四道半现代化的防线。我军打得很艰苦，部队伤亡也很大。正在这关键时刻，中央来电要抽调一个旅北上晋中，而敌人的援兵正在向临汾靠拢。真是千钧一发啊！

据指挥所的同志介绍，那几天，徐帅寝食不安，间或在室内外来回踱步，间或躺在木躺椅上闭目深思，50支一包的手工卷烟一支接一支地燃着。他肩上的担子重啊。但他心中明白，我们困难，敌人更困难。两军相遇勇者胜。经过新式整军的我军将士在这比毅力、比斗志的竞赛中完全有条件超过敌人。

于是，一份言简意赅的"紧急动员令"诞生了。审完参谋起草的电报稿后，徐帅又一字一顿地要求加上这么一段："全体指战员要以百倍紧张的精神紧急动员起来，扫除一切倦怠、松懈、烦腻、迟疑的现象，坚决、勇敢、积极、顽强，坚持最后5分钟，争取解放临汾的最后胜利。"

1948年5月17日下午，"临汾旅"夜以继日，连续奋战，终于把两条100多米的坑道挖到了临汾城下。随着总攻的命令下达，上万斤炸药在两条坑道里同时起爆。他们沿着城墙缺口，一举攻克东门城堡，为解放临汾立下了头功。在这场战斗中，全旅共涌现出225名战斗功臣。每当提起这些，老同志们都说，徐帅那"坚持最后 5 分钟"的号令在关键时刻发挥了关键的作用。

某团一连一排在攻打临汾 13 号阵地时，像一把尖刀直插敌人"咽喉"碉堡。敌人为了夺回这个阵地，以 10 倍于我军的兵力反扑。一排勇士喊着"坚持最后 5 分钟"的口号，连续打退敌人的反扑，最后只剩下一个战士仍勇敢地坚守阵地，弹药打光了，就用石头砸。成群的敌人竟在这个战士面前不敢前进一步。原江苏省军区政委彭勃说："那时，我们只有一个信念，坚持最后 5 分钟，就一定能胜利，这是徐司令员的教导，临汾攻坚战的胜利，在某种意义上来说，是坚持最后 5 分钟的胜利。"

攻下临汾城后，徐帅发现有一股逃敌，便命令某部去追歼。当时部队打得很散、很疲劳，已连续十多个小时未吃喝了，正在准备休整。他问明部队情况后，毫不动摇地说："再坚持 5 分钟，打完仗后再吃饭休息，团长、营长走在头，集中一个班走一个班，集中一个排走一个排，非将敌人歼灭不可。""临汾旅"的老战士说："当时我们有些迟疑，但根据徐帅的命令还是硬着头皮冲下去，完成了追歼任务。事后深深感到他的英明和正确。我们最疲劳的时候，敌人更疲劳。此时不打，岂不遗患将来？""坚持最后 5 分钟"的精神引导着"临汾旅"从一个胜利走向另一个胜利。

* * *

临汾战役前，一位农民出身的士兵，在部队北上离开他的家乡时，中途逃跑。后经过地方干部的动员，又回到部队。但他的连长却对这位战士采取了错误的惩罚手段。

"临汾旅"老一代至今还记得那个设在农院里的露天会场。徐帅坐在一张破旧的木椅上，前面摆着一张小茶桌，桌上放着一只缴获的麦克风。他严肃地批评了这件事："大家必须记住，是先有战士而后有干部。是先有 120 名战士，需要建立一个连，才任命一个连长，绝不是因为你是一个连长，才给你 120 名战士。不要把位置弄颠倒了！干部首先是士兵的，是士兵的同志，士兵的师长，士兵的知心朋友，然后才能把兵带好……"

就是在这次会议上，徐帅针对一些干部盲目指挥，造成不必要伤亡的现象，提出了著名的战术上爱兵的观点："上级要关心部属，干部要爱护

战士，这是我军克敌制胜的光荣传统。我们提倡作战要英勇顽强，不怕牺牲，不怕疲劳，但这不是说牺牲越多越好，越疲劳越好。我们作战的目的，不是为了死，而是为了活。干部在战场上爱兵，就是要讲求战术，提高指挥能力，以少的伤亡，取得大的胜利。"

说到这里，他动情地站起来："大家想想，人民群众养一个孩子，从怀胎九个月到出生后养到十八九岁，从小娃娃成长为一个小伙子，付出了多大的心血啊！如今为了解放事业，他们把爱子送来交给我们，如果因为我们指挥失误牺牲了，我们对得起人民群众吗？"

曾亲耳聆听这场报告的原上海警备区副司令员姚晓程回忆说："时隔40多年了，徐帅的这番情真意切、语重心长的话语，好像仍在我耳朵里回响。徐帅说得多好啊！"

在解放临汾的战斗中，徐帅时刻把部属、士兵的安危、冷暖挂在心上。前沿部队由于敌人炮火猛烈，物质供应困难。是他，指示后勤部门一定要千方百计解决这个问题，并要求把供应指挥部的干粮送到战斗第一线。某部在进攻临汾外围时，炮火未能炸塌城墙，前线指挥员要求搭云梯强攻。徐帅为了避免更大伤亡，决定暂停攻城，并和他们研究其他更好的攻城办法。还有一次，徐帅给"临汾旅"打来电话，询问旅指挥所的具体位置。当他听说离临汾东关只有几百米时，关心地指出，不能离敌人太近了，一定要做好隐蔽工作。果然不出他所料，当旅部领导刚刚离开，敌人的一颗炸弹正好落在指挥所的顶盖上……

徐帅十分怀念在解放临汾战斗中牺牲的同志，曾多次指示，要为这些革命先烈树碑立传，照顾好他们的亲属后代。1988年，为了纪念临汾解放40周年，有关部门写了一部反映"临汾旅"英勇事迹的电视连续剧《临汾攻坚战》。徐帅看完稿本，对有关创作人员说："人物要用真名真姓，尤其是已经去世的革命先烈。"说着，他掰着手指头，如数家珍地报了十几位从班长到旅长的姓名。徐帅深情地说："他们都是革命的功臣，我们千万不要忘记他们啊！"

（吴东峰）

他很像个大知识分子

我最早听到徐向前的名字时是在苏联。那是1937—1938年间，从苏联的报纸上看到中国红军一将领率部从湖北经河南向陕南挺进。这位将领的名字俄文译音是"徐向坚"。直到1940年我回到延安以后，才知道他的确切姓名是徐向前。

1941—1942年间，中央成立陕甘宁晋绥联防司令部，贺龙任司令员，徐向前任副司令员。我作为任弼时的政治秘书，负责同他们联系，开始同徐有了接触。

1942年延安整风期间，由我联系西北局和联防司令部。我向徐向前说明我是中央派来的联络员。他很重视整风这项工作，向我仔细了解了中央的意图，并全力帮助我了解联防司令部的学习情况，认真地领导整风学习。在这个过程中给我的印象是：这位将军很像个大知识分子。他阅读文件非常仔细，对重点都作了摘录，还记录下自己学习的心得和体会。他领导整风学习的办法也多，加上自己的表率作用，整个联防司令部的整风是很认真的。我向中央及时汇报了这些情况。

1943年7月，我被派到绥德专区工作，在那里又遇到了徐向前。他正在那里创办抗大二分校。当时的时局很严峻——国民党借口加强河防，把抗日前线的部队调了许多到宜川、韩城、合阳一带，构成了对陕甘宁边区的严重威胁——南面是胡宗南，西面有马鸿奎，北面是邓宝珊，东面隔黄河是日本侵略军。在这种情况下，我们既要备战，又要把自己内部整顿好。这时，由徐向前、习仲勋、袁任远和我（我临时任绥德警备区保安处代处长）组成领导小组，徐向前担任组长。这使我对他那军事家的风度和胆略有了较多的感性认识。开始，我们对所处的形势很担心，他却坦然地说：“没有关系，我们离开公路，在沿黄河的清间、延长、延川一带活动，尽够我们回旋的，把敌人全部吸引过来也应付得了。"他部署了对这个地区的侦察工作，很快掌握了地形和供给情况。我提出机关、学校、家属等怎么办？他胸有成竹地说：“好办，把他们都改装成农民，分散开就是了，战争过后再集中。"他那不慌不忙、稳操胜券的样子给了我深刻的印象，赢得了大家对他的尊敬。

党的第七次代表大会前夕，徐向前被调回延安，并当选为第七届中央委员。但他的健康一直欠佳。当时中央书记处的同志都集中在枣园，我这时任中央书记处办公室主任。不久，毛主席和朱总司令要我把徐向前也请到枣园来住，并要我照顾好他的生活，朱德特别交代：“生活待遇要和我们差不多。他是有代表性的人物（指四方面军——笔者）。"

中央书记处开会，时常请张闻天、彭德怀参加。徐向前住到枣园以后，有时也请他参加中央书记处的会议，但他在会上很少说话，他是个谦虚谨慎的人，不真正了解情况，他便不发言。对于枣园的警卫、勤务人员，徐向前始终谦逊、和蔼，和他们相处得十分融洽，很受同志们爱戴。

"七大"以后，代表们纷纷回到各自的工作岗位。接着日本投降，毛主席一连好几天在枣园礼堂坐在乒乓球台子前，夜以继日地调兵遣将。徐向前眼看着一员员战将兴高采烈地得了"令箭"离去，却迟迟没有给自己任务。他再也忍不住了，走到毛主席面前说：“还有我哩。"毛主席望望他，和蔼地说：“我没有忘记你，可是你现在有病，需要休息，先把病治好。"徐说：“我的病不严重，不要紧。"毛主席又说：“你别着急，山西、太原这一坨子给你留着哩。"徐向前高兴了。不顾自己的身体，急急忙忙跑到山西去整顿军队并在那里待命。

解放山西是关系全局的战役，解放军南下，中央进北京，都需要肃清山西的敌人。阎锡山和日本人勾结在一起，日本军依靠阎锡山就是不投降，阎锡山仗着日军的势力与八路军为敌，所以仅就山西来说，抗日战争的胜利和解放战争已是不可分地连在一起了。

阎锡山并不像电视里演的那么神气，但他的反动本质的确很顽强。尤其是残留的日本军人，真是顽抗到底，在最后一据点面粉厂，日本人战至最后四五个人，硬是不投降，只好消灭之。但是不管敌人怎样顽抗，还是被我们徐帅完全、彻底地清除掉了。要知道他是带病指挥战争的。

徐向前为人民立下的丰功伟绩是永垂青史的！

（师　哲）

严与爱

（一）

我认识徐向前元帅，是在1947年夏，在河北省武安县冶陶镇晋冀鲁豫军区司令部。在此后近两年的时间里，我一直都在徐帅所领导的晋冀鲁豫军区司令部、军区前进指挥所、华北第一兵团司令部、中国人民解放军第十八兵团司令部作战科当作战参谋。战争环境，作战参谋跟随司令员不离左右，天天朝夕相处，耳濡目染，从徐帅身上学到了不少好的东西。他使我感受最深的是：严与爱。

1947年夏末秋初的一天傍晚，我正在军区作战室值班，已是掌灯时分，军区副参谋长王世英陪同徐向前副司令员来作战值班室看文件。这是我第一次见到徐帅。

我过去在北平上学时，从一本日文书刊上，曾读到一篇介绍徐向前将军的文章，给我留下的印象是：徐向前总指挥是一位武人。我想象中的徐向前总指挥，是一位勇猛善战、指挥过千军万马的统帅，是一位高大魁梧像猛将张飞式的人物。参军后，也听说过一些有关徐帅传奇性的故事。徐帅在黄埔军校第一期学习时，同胡宗南是同学。野外演习徐胡对阵，胡攻徐守，胡总是攻不动；徐攻胡守，胡总是溃不成军。从黄埔军校毕业之后，胡为蒋介石卖命，徐为人民打天下。两军在战场上相遇时，只要一提是徐向前的部队，胡宗南即心虚，先行惧怕三分。我们第十八兵团1949年进军西北时，虽然徐帅已调离兵团，但我们仍宣扬我们是徐向前的部队。因为西北的主要敌人是胡宗南，先在名声、心理上给胡宗南以恐惧。我也知道徐帅参加中共广州起义，创建鄂豫皖苏区根据地，创建并发展红军第四方面军，担任方面军总指挥，威震中原；转战川陕、北上抗日及在长征中反对张国焘搞分裂等故事。还听说徐帅打仗非常勇敢顽强，特狠，对敌人狠，不打则已，打必将敌人消灭；对自己部队也"狠"，在紧要关头不怕牺牲。他常说的"坚持最后五分钟"，充分体现了这股狠劲，也体现了对自己部队的最大的爱护。如果没有一股狠劲，一见部队伤亡即停止战斗，下次再打，伤亡将会更大。还听说徐帅在前线指挥打仗时，子弹在他左右乱飞，无所畏惧，只是用手左右扇动，口语：讨厌，讨厌。在部队里和广大人民群众中，徐帅有着很高的威望，是位驰名中外的名将、军事家。

现在一见，出我意料。在我身边的徐帅，竟是一位身材修长，比较瘦弱，白净面孔，戴着一副白金丝眼镜，恰似一介文弱书生。

徐帅一见到我，即问了我的姓名、年龄，我一一回答。徐帅听着我满口浓重的山东腔调，随即学着我的山东口音说："一听就知道是山东老乡。"说得我们都笑了，也使我从紧张的心情中轻松起来。徐帅顺便在值班室东面靠南窗下的那张条案边坐了下来。我即将带玻璃罩的煤油灯拨亮，放在徐帅眼前，并将一天收到的电报、文件、图表等呈送徐帅，随即汇报了当天的战况。看来，徐帅还是满和气的哩。

1947年10月到12月底，晋冀鲁豫边区中共中央局，在武安县冶陶镇召开全区土地会议期间的一天，蒋军得到情报，派飞机来轰炸冶陶。防空警报响时，徐帅和我正在司令部作战值班室里。我催促徐帅赶快去防空洞躲避，催之再三，徐帅岿然不动，仍若无其事地工作。直至蒋军飞机到了头顶上空，徐帅仍端坐不动。我着急了，拉起他向门外推，让他快跑去防空洞。徐帅仍沉着地仰起头，用手遮眼观察飞机动向。飞机一个俯冲，扔下了一堆炸弹，随着一声呼啸声，接着是一团浓烟冲天。好在炸弹扔得不准，在距作战值班室南面百米远的前河滩中爆炸了。在飞机升空的瞬间里，徐帅仍关怀地对我说："你可提着电话机到墙角处躲躲。"随后才进了胡同南口外的防空洞。

几天之后，蒋军飞机又来冶陶轰炸。我在后山沟里一块悬崖下躲避，飞机扔下的炸弹碎片，打透了我的棉衣，在左肋下划破了一块皮肉。这点轻伤，我都不好意思讲。不晓得徐帅怎么知道了，在作战值班室里，非要我解开衣服让他看看不可。徐帅就是这样关心他人，但在危难时刻却忘记了自身的安危。

也是在这年冬天的一天，我在作战值班室夜间值班。下半夜，我将一天的战况综合整理标了张图，将伤亡、消耗、缴获、战果等数据统计成表。当时实在是太困了，不知不觉将两脚踩在木炭火盆左右边沿、趴在桌子上睡着了。沉睡中突然觉得脚底发烫，惊吓醒了过来，只见棉裤腿脚处已经烧着了，满屋子浓烟，急忙用壶水将裤脚着火处浇灭。这时我心中实在是害怕：火烧"白虎堂"，这还了得！看看天已大亮，我怕首长们来办公时看到受批评，就将门上挂的布棉门帘打开，将窗子也开开，希望赶快来风把满屋子的白烟吹去，只嫌烟散得太慢。正着急间，看到徐帅已从外步行而来。我心急如焚，估计一顿批评是躲不过去了。可是当徐帅走到作战值班室门口，看到门窗全已打开，屋里尚有未散尽的白烟时，转身问我："这是怎么了？"

我如实回答，说是："我打了个盹儿，烧着棉裤角了。"

徐帅看了看我的窘相，看看我湿淋淋的棉裤腿，关心地问："烧着腿脚了没有？"

我答："没有。"

徐帅接着说："没有就好。以后小心点，快去把棉裤腿烤干，搞不好要冻坏腿脚的。"

待作战值班室里的烟散得差不多了，徐帅走进值班室，其他领导也陆续到了，若无其事地照常办公。我的这颗提着的心，才算放了下来。

徐帅对自己要求严，对部属要求同样严，记得在临汾战役中，部队鉴于他在长期战争实践中形成的威望，在口头上、文字上很自然地尊称他为

103

"徐总"。但是，这一称呼竟使徐帅很不安。自己亲自拟了电报，发所属部队，大意是：我们的"老总"只有"朱、彭"，称我为"徐总"不妥，以后只能称我为徐副司令员，切记。由此可见徐帅的谦逊。

徐帅一般是不发"火"的。但当你犯了错误，尤其是犯了大错误，徐帅是不留情面的，发起"火"来，也真厉害。记得那是 1947 年 10 月，第八纵队和太岳、吕梁军区部队第二次攻打运城，总攻开始之前太岳军区司令员刘忠打来电话，是徐帅亲自接的。当电话讲到炮弹调错了口径、上不了膛时，徐帅一下变了脸，脸色显得十分严肃，当即自我承担了责任，在电话上向刘忠说："炮弹调错了口径、上不了膛，是我们的错误。"徐帅一放下电话机，即大发脾气，拍着桌子严厉地说："司令部工作作风为什么这么马虎?! 几万部队围在城下，要开始总攻了，炮弹竟上不了膛，这是多么严重的问题！……谁调的炮弹，犯这么大的错误，应该枪毙！……"

当时正是我在值班，我只有立正站着挨批评。虽然不是我的错，我也一声不敢言语。虽是 10 月天气，我已汗流浃背。

梁军处长一直在向徐帅检讨，承担教育参谋不够的责任，并一再解释，为我开脱，说："不是他，不是他……"

徐帅怒气冲冲，一甩袖子，走出作战值班室。梁军处长仍紧跟在徐帅后面，边走边说："不是他，不是他……"一起走出了大门口。

管后勤调错炮弹的那位参谋，足足有 3 天不敢露面。

事情是严重的，几万人围在城下，准备了多日，总攻就要开始了，要用炮火轰击了，而炮弹竟上不了膛，问题实在严重。犯这么大错误，按军法"杀头"没的可说，是应当的。好在是这次攻城未果，不只是因调错炮弹的错误造成的，主要是胡宗南派钟松带其 4 个团，从三门峡北渡黄河，增援运城，我军为了打援，遂将攻城部队撤围，开去平陆一带打援，而使第二次攻打运城暂时停止。过了几天，此事也就消停下来了。但司令部，尤其是作战科，由此接受的教训确是深刻的，认为徐帅的批评是十分正确中肯的。打仗是要死人的，稍有不慎马虎一点，即可能造成难以估量的损失。一定要以此为戒，养成严肃、认真、细致、谨慎的好作风。

12 月 16 日夜下着大雪，第三次攻打运城的总攻开始了。在前线指挥部王新亭司令员、王震政治委员的统一指挥下，晋冀鲁豫第八纵队，太岳、吕梁军区部队和西北第二纵队协同作战，经过扫清外围据点，于27日黄昏终于攻破了运城。此役歼灭胡宗南、阎锡山所部及土顽一部，共计13000多人，取得了运城攻坚战的重大胜利。拔除了运城这颗钉子，使西北和晋南连成一片，有利于保卫中共中央。

在庆祝解放晋南重镇运城的欢乐气氛中，度过了1947年最后的日子，迎来了1948年。

元旦刚过，徐帅又在酝酿下一步的作战计划——攻打临汾。

为了攻打临汾，晋冀鲁豫军区以徐帅为首组成前方指挥所（以下简称"军区前指"）。2月3日辞灶刚过，差7天就要过旧历年了，军区前指跟随徐帅从河北省武安县冶陶镇出发，奔赴晋南策划解放临汾事宜。

太行山的隆冬季节，气候相当寒冷，一路上朔风呼啸，有时飘着零星雪花。一连行了几天军，才到山西阳城，遇上了一场大雪，山坡田野都是白皑皑的，一片银装素裹。阳城是太岳区党委、行署所在地，军区前指就在这里休息了几天，过了1948年的春节。徐帅在这里可是很少休息，忙着召开了太岳区党委、行署和太岳军区联席会议，部署攻打临汾的地方工作和后勤工作。

在山西翼城，我发烧病了两天。徐帅竟4次来看望我。每天晚上总是来摸摸我的头，说："还在发烧。喝些姜汤，发发汗就会好的。"

徐帅平时如此文静、体贴人，真看不出，一旦打起仗来真像一只猛虎下山，凶猛得很。

那是1948年3月6日近午时刻，我收到份电报，记得是中共中央军委的敌情通报。确悉临汾守敌胡宗南第三十旅旅长尹瀛洲部即将空运西安，已有数十架运输机在临汾城南机场降落。我即急忙将此电报呈送徐帅。

这时徐帅正在翼城城郊驻地的北场院里，在一个麦草垛边的木躺椅上戴着眼镜半躺着，旁边一只方凳，上面放着文件、水杯。春日融融，环境幽静，徐帅躺在躺椅上安安静静地在看文电、晒太阳。

我的到来打破了这里的平静，急急地将这份敌情通报呈上后，但见徐帅眼睛发亮，瞪得大大的，一下子从躺椅上站了起来，将电报握在手里，一甩袖子，急如星火，匆匆大步走进南屋作战室里，立即部署截留敌机，并将原定 3 月 10 日攻打临汾的命令，提前于 7 日以突然手段发起战役。

徐帅从接到敌情通报，即精神百倍地夜以继日地部署指挥部队作战，完全忘却了自己带病的身体。不了解情况的人，看到徐帅如此凶猛，根本想不到他是有病的人。我们也感到徐帅打起仗来那股凶猛劲与平时的文静相比，真是判若两人。

军区前指在临汾战役的转移中，管理科将我的背包给丢掉了。背包里除被子、衣服外，还有我恋爱中的定情之物。徐帅知道后，也很是为我惋惜，当即批了一顶缴获敌人的大降落伞给我，并要警卫员请房东大嫂为我缝制被子、内衣，还做了两件背心、两条裤衩。剩下的降落伞顶端那块三角锥体布头，我即当了顶小蚊帐，夏天挂在头顶上睡觉，可避免蚊蝇叮咬。

当时徐帅抽烟，作战紧张时抽得还挺厉害，抽的大部分是解放区的土造烟。有时部队缴获到的好烟，如美国制造的骆驼牌香烟，也抽过。当时作战科只有我一人抽烟。每当前方将缴获的好烟送给徐帅时，徐帅总是一掰两半，把一半烟给我。这好像成了不成文的约定，每次都这样，即使只有两盒烟，徐帅也分给我一盒。作战时为领导准备的夜餐，徐帅吃得很少，往往都是我们作战科的几个人包圆儿，徐帅看到我们抢着吃，还挺高兴。

为了制定作战方案，徐帅都亲临前线，观察地形，了解敌情，从未讲过什么。但当我为了协助徐帅制定作战方案，需要补充了解前沿阵地敌我情况，第一次上火线时，徐帅看着我，总是千叮咛万嘱咐要我注意安全，并且开玩笑地说："战地最高指挥部的作战参谋，如果被敌人捉了去，可是不得了。"

我说："不会的。"

徐帅严肃地说："那可要做到：胆大心细噢！"

晋中战役外围战准备发起攻击的那天夜里，徐帅通宵未眠。那天我值班，但见徐帅紧张地忙碌着，一声不吭，默默地带着我工作。徐帅自己打电话、下命令、写报告。围敌不成，即命令第八、十三纵队和太岳军区部队撤离阵地，安全转移之后，方坐下休息。我现在想起来，仍感内疚，为什么我当时没去多叫几个人来帮助工作，尽管是夜深人静时分。

徐帅静静地同我对坐，几次要我去睡觉，说："你去睡吧！我替你值班，反正我躺下也睡不着了。"

我说："我不。"

徐帅几次催促我，我都不去睡觉之后，徐帅开玩笑地说："怎么？不睡，不困？是不是想老婆了？"

徐帅知道我当时正在谈恋爱，女的在后方司令部机关工作。徐帅见我红了脸，说："没什么不好意思的，谁都会有个想老婆的时候，我有时也想，人之常情。可是不打倒反动派，日子不好过啊！等打倒了反动派，过上和平安定的日子就好了。"

那一夜，徐帅同我谈了个通宵。问我在北平上大学，是学的什么专业。我说是学土木工程的。可徐帅总是把我记成是学数学的。在几十年之后，徐帅有时还说我是学数学的。徐帅还问我是怎样参加革命的，从学工程到学打仗，有什么想法？徐帅并且说自己是当过小学教员的，是历史把自己推上战场的。为了国家，为了民族，为了人类的解放，先得把反动派打倒，而后还要建设新中国。徐帅对我的谆谆教导，使我终生难忘。是徐帅，把我这样一个不懂世事的青年学生，培育为一个革命战士。徐帅那语重心长的话音，直到现在仍深深地印在我的心田里。

在打下太原之前，在大峪口时，我爱人从后方来看我，徐帅就同梁军处长讲过，打下太原部队南下时，就把杨弘的婚事办了吧。当时，按条件"二八五团"才能结婚，即规定干部要28岁以上、军龄5年以上、团级以上才允许结婚。按说我是不够条件的，但徐帅讲了，可以说是特批的吧。打下太原之后不几天，梁军处长告诉我说："徐帅已把你爱人从后方带来了，要你去火车站接。"我爱人后来告诉我，她是随徐帅、黄杰大姐一起坐火车来的，徐帅一点大干部的架子也没有，平易近人，待人亲切。5月7日，在太原原阎锡山的公馆里，为我和郭靖远同志举行了婚礼。梁军、任白戈夫妇等领导同志都参加了。在那战事繁忙的日子里，徐帅身体又有病，有时疼痛难忍，还把我们的婚事记放在心上。

5月16日奉中共中央军委的命令，徐帅因病休养调离第十八兵团。5月26日第十八兵团向西北进军，改归第一野战军建制。从此我才从敬爱的徐司令员身边离开了。

(杨 弘)

"这是对你的信任"

从临汾战役开始至太原战役结束，我有幸在徐总身边工作，受教良多。对徐总的战役思想、指挥艺术、战斗作风和工作作风、群众观点、练兵方法等印象尤深。

中央军委给兵团在晋中战役中的任务是：保卫麦收，消灭敌人4个师的有生力量。但徐总胸中的信念是：只要有战机，就决不放过，有多少敌人就要吃掉它多少。

徐总对自己的部队了如指掌，对敌人的情况也很清楚。当时敌人虽多，而且能守，但都分散在晋中各地，机动力量薄弱，而在运动战中更是一触即溃。6月20日，八纵和太岳军区部队，在与阎锡山的"亲训师"10000余人遭遇，只战斗几个小时就被我军消灭了。对阎锡山、赵承绶的特点，徐总了解得很清楚。1948年8月4日在榆次的相立村总结晋中战役的前委扩大会议上，徐总说："你们不了解，阎锡山是个乌龟性，伸出头来看没有动静，就往前爬，你敲他一棒，他就把头缩回去，原地不动了，这正好瓮中捉鳖。"

7月8日，高倬之率领四十四师及阎锡山收编的日军第十总队，于早晨8时向阎锡山报告说：他到了南庄。我立即将此情报向徐总汇报，徐总听后很兴奋，看了地图后，立即命令八纵队主力占领杨李青、温李青、戴李青等村包围南庄，很快消灭了四十四师。但在进攻敌十总队时，我军付出了相当代价,敌人尚未全部歼灭。徐总即命令我军不要强攻,应集中八二、十二、十五厘米迫击炮和榴弹炮对敌进行网状逐点轮番射击,给敌有生力量以大量杀伤,再继续进攻,残敌即为我军迅速歼灭。12日,赵承绶向阎锡山报告他到了小常村。我将此情报向徐总报告后,徐总立即命令十三纵队、太岳军区部队予以包围,并做好工事,防止敌人突围。这次也充分发挥火炮威力,用消灭敌十总队的办法,进行轮番射击。在我军猛烈的炮火轰击下,阎锡山在报话机中找赵承绶谈话,赵的报话员竟回答说出了"敌人炮火猛烈得很,赵老板在地洞中出来不了"的狼狈相。最后敌人乘敌机前来支援之际突围,我军亦乘敌人混乱时候,发起冲锋,将敌全歼。赵承绶、沈瑞等全被活捉。

徐总在临汾战役的动员和战斗过程中召开的两次团以上干部会议上,都提出要爱护战士。他说:"我们的战士是有政治觉悟的,是很宝贵的,平时训练要严格要求,以提高战斗技术,加强组织纪律性;战时要讲究战术,以最小的伤亡,取得更大的胜利。"尤其对少数干部在进攻时不讲究队形和火力与运动的配合,特别气愤。他说:"人民群众养一个孩子,从怀胎九个月到出生后养到十八九岁,从小娃娃成长为一个小伙子,付出了多大的心血啊!如今为了解放事业,他们把爱子送交给我们,如果因为我们指挥失误牺牲了,我们对得起人民群众吗?"

徐总关心干部事例也不胜枚举。仅以我为例,在晋中战役前,徐总要我搞参谋工作,当时我不愿意。徐总知道后,找我谈话,对我进行严厉的批评教育。在晋中战役整个过程中,我在兵团司令部搞谍报工作,由于要随时掌握敌情变化,谍报工作必须每天24小时不停顿地工作。因为是刚成立的新机构,人少,工作不熟练,因此大家都休息得很少。我作为负责人,休息得更少一些。于是血压增高,神经衰弱,胃病也复发了。徐总得知这一情况后,战役刚结束,就命令我到后方找个地点休假两个月。10月初假满后,我回兵团时,徐总的肋膜炎复发,已卧床不起,但第二天就找我谈话,对我说:"决定你到二十三旅任参谋长。这个旅是兵团的一个拳头,这是对你的信任,王新亭同志也欢迎你去,你要安心工作,准备打太原。"最后,徐总问我还有啥意见。我还能有什么意见,我感动得几乎控制不住自己的感情，也几乎说不出话来。我只能以颤抖的声音回答说："请首长保重，我决不辜负首长对我的希望。"出来后我再也控制不住自己，泪水不由得夺眶而出。

到11月中旬，我正随六十八团攻打太原外围东山小窑头阵地，突然接到兵团打来电话，说晋西北卫生部内科专家史副部长奉中央指派前来给徐总治病，徐总派韩卓然同志通知我，要我到榆次峪壁村去检查病。在去峪壁的路上，我想了很多，我想起我在四川上中学时，就已经知道徐总是闻名中外、威慑敌胆的统帅，今天竟能对下级这样关心。本来在临汾、晋中战役时，徐总就是带病工作和指挥的，但他想到的不是自己的身体，而是把下级时常挂在心上。这显示了徐总对党无限忠诚，对同志、对部下无微不至的爱护，真是感人肺腑。我到峪壁村后，立即去看望徐总，徐总虽然仍在卧床，但说话的精神比上一次找我谈话时好些了，我也才放心些了。

在进行晋中战役这样大的战役时，兵团司、政、后都不健全。司令部没有参谋长，政治部也只有宣传部长任白戈同志主持工作，后勤部尚未成立起来，只是由太岳区行署副主任裴丽生同志带上各专员、县长，组织民兵和民工负责后勤支援。徐总的忙碌是可想而知的。但在工作中善抓重点。我记得第一次我向徐总汇报情况时，将我们所得的敌人军、师甚至团的情况都汇报了，他即指示说："你重点只给我抓着阎锡山、赵承绶、高倬之的三个电台的情况就是了，只要抓着这几个台的情况，其他也就可以明了了。"徐总在忙碌之余，最喜欢看书，有时也拉拉胡琴，间或玩玩扑克，以换换脑筋，松弛一下。

有一次我去向徐总汇报情况时，他正在树下躺椅上看一本《俄罗斯水兵》的书，内容写的是一个黑海舰队的水兵，在海上死里逃生后，到陆上组织了一支游击队战斗成长的过程。徐总对我说："这本书写得好。"于是我即接着说："首长看完了借给我看一下。"第二天徐总就叫警卫员给我送来了。我们的徐总最了解部队和群众，在战役方针已贯彻下去，战役部署已完成，战斗情况变化已指示后，这架机器的每个部分，自会转起来的。像这种从容不迫、冷静、沉着的大将风度，在徐总身上随时可见。

1948年2月20日在翼城，我们炮兵团的几个领导干部向徐总汇报。除讲了部队人员、装备的概况，又提到运城战役中的步炮协同问题。步兵要炮兵距目标越近越好，甚至个别同志要求将榴弹炮、野炮抵到距目标60米进行射击，而我们则力争离目标300米至400米的距离，为此争论不休，闹得关系很紧张。徐总指示说："主要是你们没有将炮的情况向步兵讲清楚，同时你们部队成员大都是刚解放过来就上阵，他们还不知道为谁而战，步兵不相信你们是有理由的。你们应抓紧对部队进行诉苦教育，使解放战士知道为自己而战，才不至于打自己人，同时你们要打出成绩来给步兵看。"

　　2月23日在兵团营以上干部动员打临汾的会议上，关于步炮协同问题，徐总讲："榴弹炮、野炮在运动和进入阵地的方式不同于山炮、迫击炮，步兵也不能要求炮兵太近了。"这时徐总问我："你们榴弹炮、野炮的初速是多大？"我回答说："榴弹炮是便装药，一号药包是400米，6号药包是640米。野炮有新旧两种炮弹，初速都在700米以上。"徐总当即说："初速度是瞄哪里就打在哪里，这叫直接瞄准。今后榴弹炮的距离是600米左右，野炮在700米左右。"同时命令我们，找一个临汾城墙模拟的目标，进行实兵演习。

　　25日在我们住地南寿城村，徐总和营以上干部都到了，先由我们汇报榴弹炮、野炮的战术性能、技术性能和射击诸元后，即用四门野炮在距目标700米处，各打了17发炮弹，将"城墙"打开了缺口和坡度，徐总还带病亲自从坡度登上了"城墙"。这就教育了干部，解决了步炮协同争距离的问题。

　　总之，我在徐总身边工作时间虽然不长，但学到不少东西。如果说开始我曾不愿到兵团司令部工作的话，但后来我却实在不愿意离开兵团司令部了。我觉得在徐总身边工作的40多天，是我最幸福的日子。虽然时间已经过去30多年了，而且自峪壁村那次看病后，我也再没有见到过徐总，但那几十天不平凡的战斗生活，常常历历在目，出现在我的脑海里。

（门国梁）

在徐帅身边的日子里
——徐向前和身边工作人员

在徐向前居住的院落，室内没一件现代豪华时髦的摆设，最引人注目的是：挂在秘书办公室墙壁正中徐帅苍劲的手书——"人民的公仆"5个字。郭、李二位秘书告诉我们，"人民的公仆"这5个字，是徐帅一生革命生涯的真实写照。他既是党和国家领导人，又是普通党员；既是元帅，又是普通士兵。

他是这样过生日的……

徐帅身边的工作人员，不管是秘书、参谋、司机、医务人员，还是警卫战士，都记着11月8日——徐帅的生日。

说起来也许人们不相信，徐帅享年88岁，多少次生日从来没惊动过别人。每当工作人员为他张罗过生日，他都这样说：共产党人不兴这个，既浪费又耽误工作。徐帅80诞辰前，秘书迫于不少人招呼，不得不对徐帅说："上面曾说过，领导人80岁后可以考虑做生日，今年开戒吧。"徐帅听了，还是摇头。1983年深秋，住在广州的徐帅，听说当地领导执意准备为他过生日，就提前两天离开广州返京。后来，有一年在他生日时，几位黄埔同学会的老同事登门为他祝寿，硬是被挡驾了。生日没过，心意他领了。警卫班长马毅还向我们讲了一件"徐帅过生日，战士饱口福"的颇有意义的事：1989年徐帅87岁生日那天，徐帅托人给警卫班送来一盒大蛋糕，并捎话说："你们辛苦了，在我生日时向大家表示慰问。"望着徐帅送的蛋糕，战士们感动极了，谁也不好意思动一口。当时大家商定：等徐帅88岁生日时，一定好好为他祝贺一番。打那以后，战士们心里就装着这件事，着手起草贺信……转眼到了1990年8月下旬，乘徐帅住医院治疗养病期间，战士们一齐动手，把徐帅的办公室、房间，里里外外打扫得干干净净，盼他早日康复出院回来过生日。可是，万万没有想到9月21日4时21分，徐帅就与世长辞了。他没有等到11月8日，永远地走了……

"有损于党的形象的事咱们不干"

在徐帅办公室工作的几位同志的笔记本扉页上，我们看到都留有徐帅为他们的题词："言之贵在于行，行之贵在于果。大小事皆然。"

徐帅一以贯之，话说出口就得兑现，要求别人做到的自己首先做到，而且"大小事皆然"。

1979年11月2日，邓小平同志在作关于《高级干部要带头发扬党的优良传统》报告时说："最近一个时期，人民群众当中主要议论之一，就是反对干部特殊化。要讲特殊化，恐怕首先表现在高级干部身上。当然，我不是说所有的高级干部都是这样，我们的许多高级干部是很艰苦朴素的……"

徐帅到会听了报告。他为有的高级干部丢了党的优良传统搞特殊化、脱离群众而十分焦虑；也为党中央着手抓这件事而感到欣慰。他对身边工作人员说："认真检查一下我们这里有没有特殊的地方，凡是有不符合规定的事，一律纠正，有损于党的形象的事咱们不干。"

老实讲，在徐帅身上和住地，找点特殊化的表现很难。用秘书们的话说，徐帅进城后，一贯坚持党性原则，严格遵守党的生活准则，数十年如一日，从不超标准、搞特殊化。就说用车吧。他规定了除了到医院看病外，家人一律不准用他的车办私事，有时不得已用了，就嘱附司机按规定收费，一分钱也不能少。徐帅老伴和几个孩子上班、上学或办别的什么事，都是挤公共汽车。他女儿徐小涛，早晚到幼儿园接送孩子，用自行车驮，两年多风雨无阻。一位目睹她接送小孩的警卫战士动情地说："如果不是经常见面，我真不相信她是元帅的女儿。就在元帅故去后的第三天，她还到我们这儿找打气筒，给自行车打足气后，去幼儿园接孩子。"

再说徐帅听了邓小平同志报告后，要工作人员检查有无特殊化的表现。工作人员很快回答："确实没有。"徐帅听了，先不置可否，后又想了想说:"不能说没有吧!我看那台电影放映机就该交公。"

经徐帅指点,大家才想起来。原来前几年工作人员见徐帅年纪大,行动不方便,便打个报告,有关部门发一台电影放映机,由工作人员每周放一两次电影,徐帅看得很高兴。现在,他认为这也算特殊化。工作人员解释说:"首长到外面看电影不方便,留下它,谁也不会有意见。"

"我们要严格要求自己,不能只满足别人没有意见。"在徐帅的坚持下,工作人员把那台电影放映机上交了。打那以后,直到去世,徐帅再也没有看过电影。

时刻牵挂着群众的冷暖

戎马生涯几十年、功绩卓著的徐帅,心里总是装着人民群众,"先天下之忧而忧,后天下之乐而乐"。在其位时是这样,不在其位、身体有病住院,心里也时刻牵挂普通百姓的疾苦。也许是几句平常的问候,或许解决的是司空见惯的生活问题,然而,都令人敬佩、难以忘怀。

前些年,几位从大别山革命老区来的代表在徐帅家里汇报那里群众生活的情况。这是徐帅最关心的问题。他询问得很详细,期间他了解到这么一件事——红安县七里坪有一家姓王,全家7口人,只有6个碗,赶上全家吃饭,就有一个人干望着……为这事徐帅饭量减少,经常喃喃自语:"7口人,6个碗可怎么过呀!"不少人都知道,七里坪是徐帅打过仗、流过血的革命老区。1931年11月7日,红四方面军在这里光荣组建,他任总指挥,年仅30岁。全国解放快40年了,那里群众的温饱问题还未得到解决,愧对党、愧对群众呀!后来,徐帅给党中央写了专题报告,建议关注老区的建设和解决群众温饱问题。党中央、国务院对此十分重视,及时派人调查,并采取了相应措施……

入冬了,警卫战士宿舍的暖气还没热起来。徐帅散步了解到这一情况,立即派人同有关方面联系,检修管道,还增设一倍多暖气片。警卫战士宿舍暖气热了,徐帅心里也踏实了。徐帅就是这样时刻把警卫战士的冷暖挂在心上。在他住院期间,"八一"建军节到了还特意托人给警卫战士送来8个大西瓜……

"比普通人还普通"

在家的时候，他总是一身普普通通的旧衣服。生活中，只要自己能动手办的事，从不要别人代劳。衣服扣子掉了，只要工作不忙，就自己找根针线缀上。午睡起得早了，见暖水瓶里没有开水泡茶，自己拿着茶杯到厨房去倒开水。在家里几乎成了一个规矩：逢年过节，总是让秘书、炊事员回家去团聚，要孩子们自己烧饭，吃剩下的小菜。从生活到待人，他都给身边的工作人员留下难忘的印象。20世纪50年代，一对新婚夫妻到徐帅家做客，居然闹出这样一个笑话：

有个曾在徐帅身边工作过的干部，结了婚，带着新娘来看首长了。打扮得漂漂亮亮的新娘，头一次见到元帅，心里激动又高兴。她想象中的国家元帅，肯定是很威风；元帅府，肯定会车马盈门，哨兵不少。可是，当他们来到一个小胡同，一个脱落了油漆的大门口，门关闭着，按响门铃，开门的是个身着蓝布旧衣的老人，和蔼地站在门里。新娘先迈步进门，向老人点点头，便向前走。她丈夫急忙抢前一步，对她说："你怎么不给首长问好？"

新娘心想，是哩，兴许给元帅看大门的人，也是不小的"首长"呀。她回头又向老人点点头，笑笑，还想往里走。新郎拉住她，向老人介绍说："首长，她是我爱人！"

首长慈祥地面带笑容，请客人进屋去。新娘这时还没认出，面前的老人正是徐帅，她爱人急了，扯扯她又说："这是徐帅！"

"啊！"新娘几乎惊叫起来，霎时脸都变红了。她怎么也没想到，面前这位一身蓝布旧衣的人，竟是威震全国的徐向前元帅，她一直把元帅当成看门的人！

徐向前元帅亲切地接见了这对新婚夫妻，问了他们的工作、生活，谈话是那么随便。新娘一直不好意思，直到告辞走出大门，脸还是绯红的，她埋怨丈夫没早对她说，还喃喃地说："做梦也没想到，元帅会是这样，比普通人还普通呀！"

丈夫笑了："我们徐帅就是这样嘛！"

"人，不能当衣裳架子"

有个在徐帅身边工作的警卫员，永远不忘这么一件事。

有一年换夏衣的时候，这个警卫员忽然闹情绪了，他看见比他老的一个警卫员，提为干部了，军服换成四个兜，他呢，还是两个兜的大兵，越想心里越不舒坦，牢骚怪话出来了："都干一样的工作，为什么衣裳两样！"秘书跟他谈话，他不愿意听；那个四个兜的警卫员和他交换意见，他又恼火，懒洋洋地说："往后，四个兜的要多干，咱两个兜的，干两个兜的事！"

徐向前知道了，把小警卫员叫到身边，说：

"怎么，听说你为两个兜不高兴了？"

"我……"警卫员脸红了。

徐向前拿出自己的一套衣服，说："我这套衣服是新的，四个兜，你可以拿去穿。"

"不……不……"警卫员连忙摇头，想要走开。

"我们进了大城市，不能忘记过去，忘记为革命牺牲的同志。和牺牲的同志比，他们连两个兜的衣裳还没穿上呢！"徐向前说着，翻出一本画报，指指上面穿着两个兜战士服装的朱德总司令视察部队的照片，说："你看，朱老总都喜欢穿两个兜嘛！"

警卫员感到自己不对，连忙说："首长，我只是说说，往后还是会好好工作的。"

徐向前说："是呢，革命总得有个分工，总是有个差别嘛！一个人，最重要的是学问、是本领，哪能光看衣裳！衣裳穿得再漂亮，肚里空空，还不是个衣裳架子。俗话说，'少壮不努力，老大徒伤悲'，年轻人，要紧的是努力学习呀！……"

首长不紧不慢地讲着做人的道理，讲着一个革命者应有的品格。警卫员听着，低头不语，心里一阵阵惭愧。他悔恨自己太计较，在首长身边工作几年了，看看首长一言一行，从不计较个人得失，身体不好，每天还读书、写毛笔字，抽空还学俄文呢！自己不好好学习，两眼只看衣裳几个兜，多低下呀！……

过了几天，警卫员在党的小组会上，自觉地作了自我批评。从此以后积极工作，努力看书学习。

后来，这个警卫员被提升为干部，尽管发下了四个兜的服装，他还是常常穿那件两个兜的军衣，他不忘徐帅说的话：人，不能当衣裳架子啊！

（任　宗）

"发扬雷锋精神，促进民兵建设"
——徐向前和《中国民兵》编辑部

敬爱的徐帅作为伟大的无产阶级革命家、军事家、中国人民解放军的缔造者，担任中央军委人民武装委员会主任26年之久。《中国民兵》杂志是中央军委人民武装委员会的机关刊物，我们编辑部的同志与徐帅有着很深的特殊的感情，每当我们《中国民兵》举办大的活动，总是很自然地首先想到徐帅，而也总是得到徐帅的有力支持和亲切教诲。《中国民兵》自1984年创刊以来几乎每年都有徐帅给我们的题词，或撰写文章。作为一个刊物能得到长期担任党、国家、军队重要领导职务，德高望重的老帅如此直接的关怀支持，常常引起了同行们和兄弟刊物的羡慕。1990年3月，《中国民兵》和总政群工部联合举办人武战线学雷锋先进代表座谈会。我们给徐帅办公室打去电话，希望给座谈会题词对广大民兵学雷锋提出要求。第二天上午就接到通知，说题词写好了，让去取。在徐帅处，李秘书深情地告诉我们，徐帅正患病，昨天晚上"301"医院的医生来会诊，但徐帅觉得亿万民兵学雷锋意义重大，《中国民兵》同志的要求恳切，便带病挥毫写下了"发扬雷锋精神，促进民兵建设"几个大字。我们真有点后悔，不该在一位88岁高龄老人身体不适时去打扰他。

我们《中国民兵》编辑部的同志永远也不会忘记，早在创刊之初徐帅为我们确定的办刊宗旨。徐帅说："我希望，《中国民兵》的创刊，有助于

团结和指导广大民兵工作干部、民兵、预备役人员、复退军人、部队和人民武警的干部战士,为实现党的总任务、总目标,为建设强大的国防后备力量,为建设具有中国特色的现代化国防而奋斗。"按照徐帅确定的这一办刊方向,经过6年的辛勤工作,现在《中国民兵》已是拥有70万余订户的大型刊物了。最近我们正在拟定改进刊物的措施,力求使《中国民兵》以全新的面貌出现在读者面前,这种时刻,我们多么希望得到徐帅的教诲和支持。但徐帅却永远离开了我们。敬爱的徐帅,《中国民兵》编辑部的全体工作人员永远铭记着您的教诲!

(钟 国 明 斌)

一武一文　鼎力相助
——徐向前和徐士瑚

五台徐氏,明清以来人才辈出。道咸同三朝名臣徐继畬,鸦片战争中坚决抗英,战后又利用道光帝命他办理厦门、福州两口通商的机会,虚心向西方人探求世界新知。他撰写的《瀛寰志略》,不但是近代中国人最早系统介绍世界史地知识的名著,同时也是近代中国人热情称颂欧美民主制度,不满封建专制的最早记录,在中国、日本近代的变革及东西方文化交流中都有重大影响。美国、日本都有学者在研究徐继畬,赞扬他是中国的马可·波罗、哥伦布,东方的伽利略,然而大陆史学界对他却不甚了了。

1987年4月中旬,北方交通大学的徐士瑚教授到徐帅门上拜访,将台湾新近影印的日本1861年版《瀛寰志略》面呈徐帅,并建议加强对徐继畬的研究,得到徐帅的重视和支持。徐教授深受鼓舞,以八旬高龄返回家乡,在太原、忻州、五台四处游说,唤起了一些有心人。于是,徐继畬纪念馆、徐继畬研究会、徐继畬全集的筹备工作,先后提上日程。

其时,徐帅的身体已很不好,肺部染病。尤其到冬季,呼吸困难,靠吸氧才能缓解病痛。可是他依然关心对徐继畬的研究。1987年11月和

1988年5月，应家乡人们的请求，徐帅先后题了徐继畬先生纪念馆、徐继畬学术研究会、徐继畬学术论文集等苍劲的毛笔字。

美国德雷克教授在费正清教授指导下，经过15年专门研究，完成有290个页码的力作——《徐继畬及其〈瀛寰志略〉》。遗憾的是出版14年，却没有中译本。1988年11月，我从北图找到此书英文版，不揣固陋，决意把它译过来，并请徐士瑚教授指导。徐教授喜不自胜，先将书中提要译出，在晋阳学刊和山大学报登载。去年11月，徐教授又拜访了徐帅，正躺在床上吸氧的徐帅，向刚从山西返京的徐教授问询了家乡的情况，徐教授还详细向徐帅汇报了徐继畬研究的进展，说徐继畬纪念馆即将开展，200万字的徐继畬全集已点校完大半。徐教授呈上载有介绍德雷克专著的文章的晋阳学刊，及美国旧金山方闻教授寄回的徐继畬、傅山墨迹复印本，以及华盛顿像。徐帅十分高兴，下床拿着这些资料看了又看，还与徐教授合影留念。病情好转后，徐帅又为徐继畬全集题字，并为纪念馆写了贺词，全文是：

五台县委、县政府：
　　欣闻徐继畬纪念馆落成，谨表示热烈祝贺！
　　徐继畬先生是中国近代史上著名的政治家、教育家，研究徐继畬的著作，对弘扬民族传统文化具有重要意义。
　　希望吸收民族文化的精华，建设高度的社会主义精神文明。
　　此致
　　敬礼！

徐向前
1990年1月19日

徐教授写信告诉我拜见徐帅的情形，送我一张与徐帅的合影。徐帅身边的工作人员说，徐帅照相时笑得十分亲切自然，这是近几年徐帅最为理想的一张照片。

从民国22年（1933年）印的《徐氏宗谱》可知，徐继畬是15世，徐帅的谱名叫"象谦"，是19世，为继畬的族曾孙。一个半世纪以来，正

由于五六代中华儿女忘我奋斗，才换来了日益富强的人民共和国，换来了坚如磐石的解放军。国家的富强，使得外部敌人不敢像当年的八国联军那样，贸然进犯中国，中国及其政治家、军事家、思想家才得到世界的尊敬。徐族这一文一武两位英才，生动体现了中华儿女的凛然正气和高度智慧。

（任复兴）

"我们是同志式的谈心"

我有幸曾两次访问徐向前元帅。

一次是1978年12月5日，谈"文化大革命"期间他怎样同几位老一辈革命家一起，在所谓"二月逆流"中揭露和谴责林彪、江青一伙反党乱军的阴谋。

当时，他因战争中受伤的腿重新动手术，刚从医院归来。当他从内屋里被护士搀扶着走出来时，腋下支撑着拐杖，一跛一跛地走着。他放下拐杖，坐在窗前的沙发上，迎着耀眼的阳光，有力地挥舞着手臂，愤怒斥责林彪、江青篡党乱军的罪行。说到家中三次被抄，连文件、书信，甚至连作战日记都被抢劫一空时，他说："他们连根稻草都没有捞到。"他们看到的是一个忠诚的共产主义战士在几十年戎马生涯中忘我战斗的历史。他说："我对党对革命忠心耿耿，问心无愧！"

第二次访问徐帅，是1982年7月14日上午9时20分至10时40分。这时，窗外雷声隆隆，下着阵雨，满院树丛都蒙在雨雾里。在简朴、敞亮的客厅里，82岁高龄的徐帅，穿件旧黄卡其上衣，同秘书和我一块儿合影。然后，就我提出的关于如何端正党风的问题，结合他亲身的经历和体会，作了一次"同志式的谈心"，时间长达80分钟。

徐帅平易近人、谦虚慈祥。他虽身居高位，却毫无一点官气，一见面就倾心交谈。

"我一不是报告，二不是发言，我们是同志式的谈心。想到哪里就说到哪里，不系统，没章法。同时也希望你谈谈自己在外面的见闻。我年纪老了，很少出去，是过时的人了。"

像清澈的山泉，徐帅开始了谈心。

"关于党的作风问题，我不是谈什么理论道理，而是根据我个人的经历、体会，谈点认识。不对，可以批评。"

徐帅讲了一个故事。从前，有一个罪犯被判处死刑。临刑前，他向法庭提出要求，要见见他母亲。母亲来了，他对母亲说，妈妈，我想吃一口你的奶。当母亲真的解衣给他吃奶的时候，他一口把妈妈的奶头咬掉了。儿子斥责妈妈说，他的犯罪，做坏事，都是妈妈娇惯放纵造成的！

徐帅严格教育自己的子女，不许搞特殊化。他的汽车不允许子女随便乘坐，不准家人用公家汽车接私人的客人。要求子女保持艰苦奋斗的作风。他的一个女儿，在某部队医院工作，报社曾打算把她作为有代表性的高干子女，登报表扬。徐帅知道了，严加制止，认为那样对她不好。

徐帅特别强调，领导干部要善于处理同周围同志的关系。他说，同志之间要和睦相处。要从革命根本利益出发，发扬互相友爱、相互帮助、相互支持的优良作风。别人有贡献、有功劳、有成绩，应该虚心学习，不要嫉妒。如果有错误，也不要幸灾乐祸，搞落井下石。搞工作难免会出错误，要力争少犯错误，不犯大错误，有错就改。对于犯错误的同志，既要严肃批评，又要热情帮助。在他改正错误取得成绩的时候，也要给予鼓励。这样做，会使同志感到温暖，增强信心。

我看了看表，徐帅该休息了。我表示感谢徐帅的接见，他再次谦逊地说："我们这是同志式的谈心嘛！"

雨停了，灿烂的阳光，从窗口射进客厅，徐帅站起来，让摄影记者王景任同志照相，情绪显得十分愉快。

这时，我提到多年来一直想当面向徐帅核实的一件往事。

1937年3月，西路军兵败祁连山。3月16日，他和陈昌浩带着一匹战马、一个警卫员离开部队。行进途中，在一个山头的丛林中隐蔽下来。这时，突然遇到1000多敌军骑兵，从山下迎面奔驰过来。徐帅身旁的战马，听到山下敌军骑兵的马蹄声、嘶叫声，立刻昂头扬鬃奋蹄，"嘿嘿"地嘶鸣起来。警卫员怕马叫声暴露目标，立刻向战马猛扑过去，抱住马头，捂住马嘴，要开枪把马打死。这时，徐帅伸出手臂，拦住警卫员的手枪，深情地说：

"这匹马跟我经过长征，跟我战斗了多年，不能打死它，还是把它放走吧！"

这件事，反映了徐帅对战士对战马的深情，我深为感动。我紧紧握住徐帅的手，问是否有这件事情？

徐帅点点头："有这件事。警卫员是好意啊！"

我又问徐帅："您右腿受伤，是在红安县吗？"

"不，那次是左臂受伤。"徐帅凝神地望着我，用手拍拍腿部和腰部，激情地说："一身上下都有伤，受过三次伤。"

徐帅又说："我是小学教师出身，当初想不到会当兵，打了几十年的仗……"

当他迈着稳健的步伐，一步一步走出客厅，走上楼梯，越走越高的时候，我仰望着他那高大的背影，一个想法在心中升起：

徐帅光辉的战斗的一生，为全党全军树立了学习的典范和榜样！

徐帅曾题写过"办好党报，端正党风"的题词，代表了老一辈革命家对全党的期待和希望。

徐帅离开了我们。他的端正党风的希望，将永远闪光！

1990年10月19日，我在徐帅遗体火化的第二天，来到徐帅家中，来到徐帅曾两次接见我的会客厅内——新设的灵堂内。我站在徐帅的遗像和骨灰盒前面，向伟大的无产阶级革命家、军事家，行三鞠躬礼致哀，热泪禁不住横流下来。我紧紧握着徐帅的两位秘书的手说：

徐帅没有墓碑，他的墓碑屹立在天地之间；

徐帅没有墓碑，他的墓碑屹立在亿万人民的心间；

徐帅没有墓碑，他的墓碑屹立在战斗过的山山水水之间！

（纪希晨）

珍贵的纪念品

1989年9月23日,我和电视连续剧《晋中大捷》的其他几位主创人员,冒着淅淅沥沥的小雨来到了北京柳荫街徐帅住处。那时,徐帅正在病中,鼻孔里还插着输氧管。听说我们远道来访,不顾年迈体弱,亲切地接见了我们,并让护士拔掉输氧管,同我们一起合影留念。

电视连续剧《晋中大捷》反映了徐帅在指挥晋中战役中,运筹帷幄、果断灵活、善于以弱敌强、以少胜多,为解放晋中创立了光辉业绩。在剧片创作的过程中,徐帅通过他的秘书,一再指示我们:晋中战役的胜利是人民战争的伟大胜利。你们要向当年参战的人民群众采访。如果没有党的领导,没有广大战士不怕牺牲、英勇奋战的精神和人民群众的前仆后继、积极参战,战争是打不赢的。所以,剧本一定要突出党的领导,表现人民群众的积极作用,不能突出个人。根据徐帅的指示,我们又征求了多方面的意见,终于成功地拍摄了《晋中大捷》8集电视连续剧。我们把样片送给徐帅,好让他老人家先睹为快。徐帅看了样片很满意,让他的秘书给中央电视台写了推荐信。信中说,电视连续剧《晋中大捷》真实地再现了山西军民决战晋中的斗争事迹,歌颂了人民解放军和人民群众前仆后继、不怕牺牲的英勇奋斗精神,成功地塑造了我军指挥员运筹帷幄、指挥若定的大将风度。剧情曲折、生动、感人。是一部较好的军事斗争片、传统教育片。希望中央电视台能在国庆期间播放。现在,《晋中大捷》早已在中央电视台和全国许多省、市电视台播出。最近,在华北地区"宏艺杯"电视剧评奖活动中,又获得了特别大奖。

徐帅德高望重、功勋卓著,却非常平易近人,那次会见给我们留下了难忘的印象。当秘书把我们领进他的居室时,徐帅正端坐在沙发上输氧。他鬓发斑白,目光炯炯有神,虽然疾病缠身,眉宇间仍透露出一种军人特有的刚毅神情。只是因为年事已高，站立有些困难。看见我们进来了，老帅抱歉地说："我老了，站不起来了。"我们疾步走上前去，徐帅和我们一一握手，让我们站在他的身旁，又招呼夫人黄杰同志和两位秘书过来同我们一起合影。我们看见老帅身体不适，不忍心打扰他了。照完相之后便匆匆告别了徐帅，来到外间的办公室。办公室陈设简单，只有正面墙上徐帅亲笔书写的"人民的公仆"5个大字的条幅十分醒目。徐帅为中华民族的解放和社会主义建设事业呕心沥血，殚精竭虑，建立了不朽的功勋。他毕生始终保持了普通劳动者和人民公仆的本色，这张条幅正是他壮丽一生的光辉写照。

（张定邦）

给徐帅拜年
——徐向前和陈超、谭冬生

1990年春节，是戎马一生的徐帅度过的最后一个春节。

1月25日（腊月二十八日），北京的大街小巷已开始响起"噼噼啪啪"的鞭炮声，它告诉人们：春节要到了。这天上午，总参动员部陈超部长、谭冬生副部长，以中央军委武委会办公室的名义，代表全国广大人武干部和亿万民兵去给为国防后备力量建设作出卓著贡献的、受到亿万民兵衷心爱戴的徐帅拜年。

徐帅已是88岁高龄，当时身体不适，医嘱严禁接待客人。但徐帅听说总参动员部的同志要来，便执意坚持要接见。徐帅办公室的同志说："这是一次破例，因为徐帅与人武战线上的同志们感情实在太深了。"

8点45分，陈部长、谭副部长来到徐帅的住地。徐帅办公室的郭秘书、李秘书告诉说："现在首长正在早餐，请稍候。"两位部长请郭春福秘书向徐帅先转交一封拜年信和一束鲜花。拜年信里写道：

敬爱的徐帅：

您好！

值此新春佳节之际，我们向您拜年，衷心祝您节日愉快，身体健康！

近年来，民兵、预备役工作在党中央、国务院、中央军委领导下，在您的亲切关怀下，经过一系列的调整改革，取得了明显的成绩，尤其使我们感动的是，您年事已高，仍然十分关心人民武装工作，亲自为建军 60 周年成就展览题写了"建设强大的后备力量是全党全军的一项长期战略任务"，并为"鞍钢民兵教育训练中心"题词，为新时期后备力量建设指明了方向，使我们武委会办公室的全体同志深受教育和鼓舞，对全国广大人武干部和民兵、预备役人员是一个很大的鞭策。在新的一年里，我们将继续按照您的要求，积极学习，勤奋工作，求实创新，开拓前进，努力建设具有中国特色的强大的国防后备力量。

此外，呈上我们整理的《近年来民兵、预备役工作简要情况和 1990 年着重抓好的几项工作》，请您审阅。

祝您新春愉快、健康长寿！

中央军委人民武装委员会办公室总参谋部
动员部部长　陈　超
副部长　谭冬生
1990 年 1 月 25 日

秘书把拜年信和鲜花转交给徐帅出来告之："首长已用完早餐，请你们进去。"因为当时正值寒冬，北京又有流感，根据医务人员的要求，两位部长和工作人员唯恐从室外带来病毒，都戴着口罩。进屋后，大家摘下口罩，恭敬地向徐帅行军礼。徐帅的长者风度，使大家感到无比的温暖，便无拘无束地围在徐帅周围合影。徐帅语重心长地说："要坚持三结合的武装力量体系、坚持人民战争思想。民兵是进行人民战争的基础。在新的历史条件下，继承和发扬我党我军的优良传统，要加强县市人民武装部的建设，做好民兵工作，做好预备役工作。" 88 高龄的徐帅当时虽然有病，

不便行走，坐在轮椅上，但精神矍铄，身着绿军装，仍不失当年雄风；尤其是他思路清晰、谈吐豪壮，不愧为人们敬佩的德高望重的老帅。

（余楚中）

"欢迎家乡的人常来"

由于工作的需要，我曾几次去过徐帅家里，并受到他亲切的接见。

徐帅是五台县永安村人，幼年时在村中上私塾，13岁时才在东冶沱阳学堂读高小。五台是他土生土长的地方，他热爱家乡的山山水水，时刻怀念着勤劳朴实的家乡父老。

1988年，为振兴五台经济，中共五台县委、县人民政府在北京召开了"振兴五台经济北京座谈会"，作为筹备者、联络人的我有幸参加了会议。为了向徐帅汇报一下五台社会主义建设的成就，经过与他的秘书联系，他欣然同意。约定在5月9日上午9时去拜访徐帅。徐帅住在后海柳荫街的一个院子里，我们一进会客室过厅，徐帅早已站在门口迎候我们了。他一边微笑着说"欢迎、欢迎"，一边与我们一一握手。他平易近人、和蔼可亲的态度，一下使我们感到无限的亲切与温暖。初进"帅府"时的紧张心情，完全放松了。当时，看上去他身体很好，虽已86岁高龄，但步履稳健，身板挺直硬朗，见他身体这么好，我们心里是多么高兴啊！

徐帅让我们进入会客室坐到沙发上，他和他的夫人黄杰，一再让我们抽烟、喝茶、吃水果。他虽然离开家乡60多年了，但乡音未改，满口五台话，与我们有说有笑，精神非常好。我早就听说，报纸上也看到过，徐帅一生廉洁奉公、艰苦朴素，几次阻止国家有关方面为他重修房屋、配置家具。我好奇地环顾客厅，宽大的客厅里，铺的地毯已很陈旧，中间放两套三人沙发和单人沙发，剩下的是几把折叠椅，客厅一角放一台供办公用的复印机，宽敞的客厅显得空荡荡的，再看看徐帅的衣着，上身穿一件褪了色的军便服，外套一件破旧的坎肩，下身穿一条旧军裤，内套一条薄棉裤，脚穿一双普通棉鞋。据说，他战争年代留下了创伤，腿脚有毛病，夏天要穿得厚一点。我心里想着，徐帅穿着太朴素了，看上去，像是一位慈祥的长辈，很难想象他就是在革命战争年代里，指挥千军万马，叱咤风云、威震敌胆的元戎帅星！

徐帅十分关心家乡人民的生活。他一开口就说："我小时候，一年只在过年时吃一顿白面，现在好多了吧？"当时任五台县委书记的范怀成、县长周新玉简要地汇报了五台县经济建设情况。当徐帅知道了在党的十一届三中全会后五台人民已经解决了温饱问题，一年四季，白面大米已是家常便饭时，他高兴地笑出了声来。笑声里，洋溢着他关心人民生活疾苦的深情厚谊。他还说："我小时候，全县有人口18万，现在已经30万了，这可是人财两旺啊！"

徐帅在谈话中，不仅考虑到家乡人民的眼前利益，也考虑着长远的利益。当徐帅听到家乡农村新建房屋很多时，他语重心长地说："现在，建筑用地太多，五台人多地少，地都建了房，人就得喝西北风。农村建房，一定要有合理规划，不能无限制地占土地。"徐帅还深情地回忆说："陈家庄，东峪口那道沟里，发展经济作物有历史。过去就有很多花椒树、柿子、核桃，那里地少土薄，旧社会群众吃花椒叶、黑豆叶，你们要改良引进新品种，发展那里的经济作物，增加群众的收入。阳白沟里，我带129师住过，那里梨果很多，过去运不出去，卖不了，你们要解决好运输问题。广东、湖南梨果很少，运出去收入就增加了，又满足了国内人民生活的需要。"那天，徐帅特别高兴，他侃侃而谈，顿了顿又说："五台前途是有希望的，山多坡广，有发展林牧业的优势，要发动群众，真正把树栽好，把牛羊发展起来，开山发展工矿业。当然，农业是主体，五台十年九旱，要发展旱作农业，首先解决好吃饭问题。"这些重要指示，说明徐帅对五台是十分了解的，对五台的经济建设是十分关心的。

原定会见半小时，眼看已过了近一个小时，为了不影响徐帅的健康，我们准备告辞。徐帅却笑着说："再坐会儿吧。我的身体不要紧，就是有一只眼看不清楚，最近，电视剧《西游记》还是看下来了。"徐帅接着又问了东冶镇永安村和沱阳中学的一些情况，对东冶镇的发展变化，尤其对全镇人均收入400多元表示满意。谈到新编五台县志，徐帅又回忆起五台悠久的历史，从西汉建县，北魏在永安村建仓城，谈到隋唐、明清。我们深深折服他渊博的知识和顽强的记忆力。如果没有平时刻苦学习、博览群书，哪能有渊博的知识。

眼看时针指向11点半了，谈话两个多小时了，我们祝福他老人家健康长寿，站起来告辞，徐帅留我们一起在客厅合影留念。我们赠送了徐帅一方雕刻精细的澄泥砚，徐帅听说是县里工艺厂做的，赞扬说："很不错嘛，可能价值很贵吧。"我们知道徐帅一向廉洁奉公，不收受礼物，连忙说："不很贵，家乡产品，留个纪念吧！"我们赶紧告辞，徐帅又与我们一一握手，临别还嘱咐："欢迎家乡的人常来。"

（赵培成）

"再也不能听他的了"
—— 徐向前和张国焘

尽人皆知，红四方面军的历史上有个张国焘的问题。

1931年4月11日，党中央派张国焘来到鄂豫皖根据地时，根据地建设和红军的发展都已具相当规模。张国焘任鄂豫皖中央分局书记兼军委主席。徐向前的组织观念很强，对张国焘很尊重。但是，时间不久，就发现张国焘的一些做法不大对头，特别是在作战方面，张国焘不了解根据地和红军的情况，常常硬性命令红军行动，对不同意见随便扣以"立三路线"的帽子。这就不可避免地产生了分歧和斗争。

7月上旬，鄂豫皖军委在商城余家集召开会议，解决红四军南下作战方向和兵力使用问题。张国焘认为要援助中央根据地，必须威胁或攻占敌人的大城市，提出了占英山，出潜山、太湖，进攻安庆，威胁南京的冒险计划，并限期1个月内完成。红四军领导同志主张：援助中央革命根据地的手段，主要的不在于攻击敌人的重要城市，而在于消灭敌人的有生力量，巩固扩大根据地，以牵制敌人兵力。坚持打下英山后出蕲（春）黄（梅）广（济）地区，相机出击武穴，威胁武汉，牵制敌人。很显然，张国焘的意见是孤军深入的冒险方针，会上经过激烈争论，张国焘仍坚持个人意见，作了错误决定。

徐向前、曾中生等，详细研究情况后认为：向东，进攻安庆，要通过400里的白色区域，地形开阔，沿途敌军防守严密，是远距离冒进，难以取胜。向南，蕲黄广地区原为红十五军的根据地，有地方党的组织和良好的群众基础，从英山至武穴只有240里路，敌人兵力比较薄弱，红军乘虚而入能争得主动，可以调动敌人加以歼灭，配合中央红军反"围剿"斗争，也能立见成效。于是，改变了原来张国焘定的东进计划，决定留十二师守英山，掩护后方开展工作；军部率十师、十一师4个团向南出击。同时，将这一决定及时向分局作了报告。

红四军南下，由于坚持了正确的作战方针，指挥上灵活机动，指战员英勇奋战，把战斗队和工作队的任务紧密结合，1个月内，以5个多团的兵力，取得了连克英山、浠水、罗田、广济4座县城，歼敌7个多团，俘敌5000余人的重大胜利。牵制了武汉敌人原拟派往江西的部分兵力，有效地配合了中央根据地的反"围剿"斗争。

正当部队围歼叶家湾之敌时，接到张国焘8月17日致曾中生、徐向前的信，信中指责红四军"违抗中央分局的命令"，"执行的是'立三路线'"，严令立即撤回部队。

在此之前，鉴于和张国焘的斗争不可避免，徐向前、曾中生在8月20日给中央写了报告。详细申明红四军南下作战行动的正确理由，并对张国焘个人专断的"家长式"领导作风和错误的军事行动方针，提出了批评。9月，红四军奉命撤回麻埠。张国焘撤了曾中生政治委员职务，由陈昌浩接任。

在军事上，张国焘一窍不通，但却喜欢装成"行家"的样子，干预前方军事行动，搞瞎指挥。主管作战指挥的徐向前，对张国焘的错误进行抵制和斗争，避免了许多不应有的损失，使红四方面军不断地发展和取得胜利。

1932年冬到1933年夏，鄂豫皖红军连续取得了黄安、商潢、苏家埠、潢光四大战役的胜利。6月,潢光战役结束时,徐向前即提出:红军连续作战7个月,十分疲劳,应该停止进攻,休整部队,准备反四次"围剿"。张国焘根本不理,命令部队出击京汉路。7月初,中央分局在夏店召开会议,讨论红军军事行动方针。徐向前再次提出,停止进攻,准备对付敌人新的"围剿"。张国焘被胜利冲昏了头脑,坚持"不停顿地进攻",再次拒绝徐向前的正确建议,继续命令红军围攻麻城。这时,蒋介石调集30万大军对鄂豫皖根据地的第四次"围剿"已经开始,蒋介石亲自兼总司令,坐镇武汉。张国焘在强敌压境下,违背避实击虚、避强击弱的原则,而采取正面硬顶,过早投入主力与敌精锐部队决战。虽在冯寿二、七里坪、胡山寨、河口等战斗中歼敌万余人,但未能予敌以决定性打击。从而,使我军主力过早受到消耗,陷于被动局面。

10月10日夜,中央分局在黄柴畈召开紧急会议,张国焘提出红军主力向外线转移。在敌重兵围攻下,主力红军内线作战已十分困难,因此,会议决定留鄂豫皖省委沈泽民、吴焕先、王平章、刘士奇、徐海东等领导七十五师、二十七师和地方独立团等部队20万人,在根据地坚持斗争;张国焘和徐向前、陈昌浩率领四方面军主力四军3个师、二十五军之七十三师和少共国际团共计13个团2万余人越过京汉铁路,转到外线作战。徐向前同意在外线歼灭敌人后,待机打回鄂豫皖根据地。10月12日晚,我军一过京汉铁路,敌人立即调集六十五师、六十七师、一师、五十一师、八十三师、四十四师、十师7个师进行追击和堵截,几次被优势敌人包围,经过激烈战斗才冲杀出来,被迫向西转移。

漫川关突围,是红四方面军生死存亡的关键一仗。敌人胡宗南、萧之楚等5个师重兵追堵,将我军挤在山谷里,处境十分危险。张国焘看到情况危急,主张让部队分散突围,徐向前坚决反对。他说:集中突围好比一块整肉,敌人想吃也吞不下去,如果分散突围,把整肉切开,正好让敌人一口一口地吃掉。因此,必须集中主力,突出重围。陈昌浩赞成徐向前的意见,在徐总直接指挥下,冲出了漫川关,我军才转危为安。

在川陕根据地,张国焘是中央全权代表、西北革命军事委员会主席,徐向前、陈昌浩是副主席,分别兼任红四方面军总指挥和政治委员。张国焘在军事上的错误,暴露得越来越明显。

1933年秋，我军取得了仪南、营渠、宣达3次进攻战役的胜利，徐向前就提出建议：部队要休整，准备迎击敌人新的围攻。张国焘不同意，他主张趁敌人的围攻尚未组织起来就打破它，于是决定立即调红军主力10余个团向开江、开县方向进攻。这时敌人的六路围攻已经开始，我军进攻遇上敌主力第五路打了个消耗战，不得不由进攻转入防御。

1934年9月，徐向前提出组织战略反攻。张国焘同意反攻，但主张要在东线刘湘主力第五路的防线上选择突破口。徐向前认为，东线山高谷深，不便于大兵团集结和运动，又是敌人防御的强点，不易突破，应该把突破口选在敌人防守较薄弱的地方。他亲临前线，反复勘察、比较，选择第六路原刘存厚残部防守的东线中部的青龙观为反攻突破口，既便于集中兵力和隐蔽开进，又易于一举突破。这个意见把张国焘的意见扭过来了。

这次战略反攻，如果继续向东追击，刘湘的主力第一师、二师、三师就能全部歼灭。张国焘在后方顽固地坚持向西追击，而西面是刘湘的第四师，实际上是跟着敌人的屁股追。为此，徐向前与张国焘在电话里展开了一场激烈的争辩。

张国焘在通江的洪口场，徐向前、陈昌浩及各军的领导同志，在宣汉的马渡关，前后相距200多里，电话听不清，让我在州河岸边的罗文坝传电话。我记得清清楚楚，那是大雨后的一天下午，天气很闷热，从下午两点多钟开始，一直讲到晚上7点多才结束。5个小时的长电话，几乎说破了嘴，张国焘还是死硬坚持他的错误主张，别人的正确意见半句也听不进。

在电话里，徐向前、陈昌浩、李先念等，先后讲了关于追击方向的利弊关系。

徐向前说："东面是刘湘的主力第一师、第二师、第三师，擒贼要擒王，战略反攻打敌人要打要害，消灭敌人的主力，这是难得的好机会……"

张国焘讲："东面都是高山，对我军大部队运动不利。"他还反唇相讥："这是选择反攻突破口时你们说的，现在又要向东追，我的意见是要你们下决心向西追。"

徐向前说："那一回是把突破口选择在敌人防守的强点上，对我不利。

现在情况不同了，主动权在我们手里，可以抄到敌人后面打，使敌人处于被动挨打地位。如果向西追，不但消灭不了敌人主力，还可能把敌人第四师也放跑了。"

张国焘讲："消灭了第四师再向东打就没有后顾之忧，还是先向西追击。"

徐向前说："现在敌人都是只顾向后逃跑，我们向东追击没有后顾之忧，如果不抓住这个千载难逢的战机，就会放跑了敌人的主力。"

张国焘讲："消灭了第四师再向东打，刘湘的一、二、三师几万人短时间一下还跑不掉。"

徐向前说："现在敌人拼命后退，跑得快，时间不抓紧，敌人是会跑掉的。从长远看，向东追击歼灭刘湘主力，对我军今后作战更为有利。即使第四师跑掉了，也是划得来的。"

张国焘讲："向西追击，首先消灭范绍曾的第四师，范绍曾是土匪出身，很狡猾，搞慢了他会跑掉，先消灭他，然后再向东歼灭敌人第一、二、三师还是来得及的。"

徐向前和陈昌浩，反复说明向东追击的理由，并且让李先念也讲了向东追击的好处，证明各军在前线的领导意见一致：向东追击为上策。

张国焘反反复复强调向西追的"好处"，顽固坚持向西追击！

……他们讲一句，我就传一句。张国焘就是听不进别人的半点意见。

后来，张国焘有些不耐烦地喝问："你们听不听我的意见？"停了停，亮着大嗓门喊："告诉他们，听，就按我的意见办；不听就算了！"

结果是按张国焘的命令向西追击，敌人是由东向西跑，我军是由东向西追，形成了追着敌人的屁股打，不但没有消灭敌人的第四师，而且把刘湘的主力放跑到州河以南重新占领了阵地，再也不好打了。

徐向前总指挥提出把主力转到西线反攻。张国焘指令部队迂回到木门、长池地区。如果照这样打，又要把敌人放跑。这一次，徐向前"豁"出去了，说："再也不能听他的了，错了我负责。"李先念说："对！'将在外，君命有所不受'嘛！"徐向前和李先念商量后，果断地采取了远距离大纵深迂回，创下了反攻以来歼敌最多的一个歼灭战。

徐向前历来重视根据地建设，并从战略意义上通盘考虑。围绕着扩大川陕根据地还是放弃川陕根据地,他与张国焘进行了原则性的斗争。

粉碎敌人的六路围攻以后,徐向前、李先念曾考虑以一个师乘胜渡过嘉陵江西岸去,那里敌人的兵力很少,防御薄弱,群众革命积极性高,可以建立新的根据地,红军在嘉陵江西岸占一块地方,回旋余地就大了。但张国焘不同意,部队已经上了船,准备过江,最后只好撤回。

由于张国焘继续坚持"左"的错误政策,富农分坏田,地主不分田,不给出路;凡是当过保长的人就杀掉,把川陕根据地搞得民穷财尽,红军处境越来越困难。

1934年11月,清江渡会议期间,张国焘认为反六路围攻根据地消耗很大,难以继续坚持长期斗争,因而提出向甘肃南部发展,并准备将方面军的后方向甘南转移。很明显,这个意见,实质是要放弃川陕根据地。徐向前认为,川甘边界是比较有利的发展方向,根据地也需要向外发展,但不同意转移后方放弃老根据地,而主张依托老区发展新区。当时,张国焘虽然没有公开坚持错误意见,但其后来的行动证明,并未放弃他的错误主张。

1935年1月22日,中央电示红四方面军主力向嘉陵江以西发展,配合中央红军北上。经过两个多月的准备,3月28日至4月3日,红四方面军以4个军的兵力强渡嘉陵江,先后攻克南部、阆中、昭化、剑阁、梓潼、中坝等城镇,正在集中兵力准备打碧口,消灭胡宗南部时,张国焘率领后面部队迟迟不上来。徐向前天天发电报催,张国焘却在后面磨蹭了40多天,贻误战机,使胡宗南有了准备,失去了歼敌的良好机会。张国焘除留少数部队外,将军委、省直属机关和部队大搬家撤到嘉陵江以西,放弃了川陕根据地,也破坏了开创川陕甘根据地的战略计划。

后来回忆这段历史,徐向前深有感慨地说:"川陕甘计划未能实现,非常失策,它是关系整个革命的重大问题。如果当时实现了这个计划,中央红军北上后就有了立脚点,革命的形势就会大不一样。"

长征途中,在张国焘分裂党、分裂红军的严重时刻,徐向前坚持原则,坚持团结,对张国焘的错误,进行了艰苦的斗争。

1935年8月4日,党中央政治局在毛儿盖附近的沙窝召开会议,决定一、四方面军分左、右两路,分别由毛儿盖和马塘、卓克基出发,过草地北上。经过艰苦跋涉，党中央、军委和毛泽东、周恩来直接率领的右路军，于8月25日到达班佑、巴西地区；朱德总司令和张国焘率领的左路军，于8月21日到达阿坝地区。因连日下雨，嘎曲河水位上涨了。张国焘借口左路军不能过河，强令右路军返回松潘地区击敌，南下川康建立根据地。并说中央和一、三军团不南下，四军、三十军也要南下。徐向前、陈昌浩拿着张国焘的电报，向党中央毛主席汇报。毛主席指出："北上方针，绝对不能改变。"指令"张国焘立即率左路军向班佑、巴西开进，不得违误"。毛主席为此还亲自征求徐向前的意见，他完全赞同与中央红军一路北上，并多次给张国焘回电，劝其北上，但张国焘有野心坚持南下，要其北上已不可能。

由于张国焘错误的影响，部队的思想一度出现混乱，有人不明真相企图追击中央红军。有个干部打电话报告说："他们走了，还筑了工事，放了警戒，打不打？"陈昌浩一面接电话，一面问徐向前："这事怎么办？"徐向前斩钉截铁地回答："哪有红军打红军的道理？怎么说也不能打。"避免了极端危险的错误行动。这时，陈昌浩南下的决心已定，徐向前内心很矛盾，曾经考虑过："究竟怎么办好？是离开四方面军部队跟中央北上，还是带部队一起南下？他想到，这支部队从鄂豫皖一直打过来，现在我离开部队个人随中央北上，中央要问部队呢？我无法回答。"于是就决定先带部队南下，找机会再说服张国焘北上。徐向前严于责己，多年来经常作自我批评，说在南下问题上跟张国焘走犯了错误。

10月初，张国焘在卓木碉（脚木足）召开会议，另立"中央"。朱总司令、刘伯承参谋长在会上反对也无效。徐向前不赞成张国焘的做法，就用沉默不语来抵制。后来，他只管在前方打仗，总部晚上找他开会，他往往借口"疲劳"不出席会议，抵制张国焘错误的那一套。

11月，红一、三军团到达陕甘边区，与红二十五军、陕北红军会合后，在直罗镇打了一个大胜仗。这一仗，对党中央到达陕北站稳脚跟，和打开与东北军张学良的统一战线局面，有重大意义。毛主席称赞："给党中央把全国革命大本营放在西北的任务，举行了一个奠基礼。"张国焘为了缩小党中央的影响，不让宣传直罗镇战斗的重大胜利。徐向前指出："红军打了胜仗，不仅要向部队宣传，还要向人民群众宣传。胜利的喜讯传开以后，在红四方面军指战员心目中，进一步提高了党中央的威信，扩大了胜利的影响。事实教育了干部和群众，党中央领导的红军，在陕北打了大胜仗，张国焘南下碰了壁，损兵折将，减员过半。谁对谁错，不是泾渭分明了吗！"

张国焘南下碰壁后，情况十分严重。徐向前提出："到甘孜、炉霍地区休整部队，准备北上与党中央会合。"这一主张得到朱德的大力支持，张国焘也不得不表示同意。部队到达甘孜、炉霍地区，徐向前又提出，西康少数民族地区，地广人稀，部队兵员、粮食、衣物无法补充，要赶快北上与中央会合。在中央一再指示、张浩来电（代表共产国际）和朱德督促下，还有红四方面军广大指战员的抵制和斗争，张国焘被迫取消另立的"第二中央"，不久，就与二方面军会合了，成立了中央西北局。在西北局会议上，决定二、四方面军过草地北上。张国焘又跑到漳县煽动反对北上，独自命令部队撤出通渭、武山等地回师西进。朱德电告中央反映张国焘破坏岷州会议北上同中央会合决议，并通知西北局委员兼程赶赴漳县。接着，西北局召开会议，对张国焘破坏岷州会议行为进行斗争。党中央来电制止西进，力促北上，同时，四方面军的广大指战员对张国焘企图驱使部队西进，再次穿过荒无人烟的北草地，也表示极大的愤慨与抵制。徐向前警告张国焘："你再要让部队翻雪山过草地，是没有人跟你走的。"因此，张国焘不得不放弃西进计划。在这段对张国焘的斗争中，朱德和徐向前互相支持、密切配合，有时用总司令部命令有困难，就用方面军指挥部命令部队行动。终于抵制了张国焘的西进错误，于1936年10月10日，一、二、四方面军在西兰公路上的会宁胜利会师了。至此，中国工农红军三大主力已在党中央和中央军委的直接领导下，统一行动。

（徐深吉）

"亲不亲同乡人"

——徐向前与阎锡山

屹立于山西北部的五台山，以佛教文化圣地著称于世界。山西的五台县历史上以五台山命名。渊源于五台山涧的滹沱河水流穿过两岸数不尽的村庄。一河之隔的两个村庄——永安村和河边村，出生了现代史上的两个著名人物，一个是中华人民共和国的元帅徐向前，一个是推翻清朝政府以后的山西都督阎锡山，徐向前与阎锡山，他们是地地道道一河之隔的老乡。

孙中山领导的辛亥革命这年，在永安村初级小学读书的徐向前，听到老师给他们学生讲了个从来没有听到过的人的名字——阎锡山。说是辛亥革命，武昌首义，山西响应，在太原城里也举行了武装起义，攻下了清廷在山西的抚署——满洲城，杀死了巡抚陆钟琦，守护的清军挂白旗投降。太原起义成功之后，山西宣布独立，成立军政府，这位被清朝政府保送日本陆军士官学校留学、在日本时参加中国同盟会、铁血丈夫团的阎锡山，被推为山西都督。而这位山西都督阎锡山正是永安村一河之隔，滹沱河对岸河边村的人。从此以后，在少年徐向前的脑子里，便对河边村出生的阎锡山，有了个深刻的印象。他很想看一看都督是个什么样子，认识认识这位河边村的老乡阎锡山。

孙中山领导的资产阶级革命，推翻了清王朝，建立了中华民国南京临时政府。临时大总统孙中山颁布的一项法令，改革中国的教育制度为国民教育。破旧立新，这时离永安村五里路的东冶镇，把一座大庙的泥菩萨搬走了，殿堂改成学校的教室。东冶镇"沱阳"高等小学校在这座大庙里办起来了。这样，永安村的徐向前和邻近各村庄的学生，都纷纷云集东冶镇沱阳高小读书。

后来，徐向前又考取了阎锡山创办的山西省立国民师范学校。师范学校第一期属于试办,开的是速成班,学制两年。徐向前在这里学习。这是一所新式学校。设有语文、数学、地理、历史、心理学、教育学诸课程。还有音乐、体育、美术等。阎锡山是留学日本陆军士官学校毕业生,可能因为这个缘故,在他创办的师范学校,设有军事课。学生生活半军事化,军人装束。来师范上军事课的教员都是阎锡山部队中的营级以上军官。军事操练亦要求非常严格。师范学校第一任校长是赵戴文,而阎锡山每周必来学校听课和训话。徐向前终于认识了他河边村的老乡——山西都督阎锡山。

徐向前在国民师范第一期速成班学习两年毕业了。虽然,阎锡山为学校写的校歌歌词有这样的话:"谈兵术,投笔可从军",但徐向前毕业以后,还是被分配到太原以北30里的阳曲第四小学当教师。

在阳曲四小,徐向前因宣传"五四"运动,被学校辞退了。于是,徐向前约了几名同学、朋友,毅然决定去投考黄埔军校。从此,开始了他的军事生涯。

徐向前是黄埔第一期毕业生。他参加过护卫孙中山的东征。之后被调到国民军第二军。但是,这个第二军实在不堪一击,号称20万人马的队伍,被那个山西都督阎锡山打得溃不成军了。第二军被打散后,徐向前和几个山西同事,一块儿跑回了山西老家。

阎锡山这个统治山西历史最长久的人物,有一套政治手腕,十分看重"亲不亲同乡人"的乡亲关系。所以在晋军和山西政界流传着这样一句话:"会说五台话,能把军刀挎!"这说的就是阎锡山使用人的路线。在阎锡山的高级将领中,常常是晋南人不如晋北人吃得开,而晋北人当中,又不如五台人。阎锡山在河边村创办川至中学,也是为他山西军政机关培养干部。这个学校的毕业生大部分被分配在军政机要部门。所以,当徐向前由国民第二军跑回永安村老家之后,阎锡山打听到徐向前这个黄埔毕业生回家来了,便派人到永安村,想动员徐向前入晋军任职。但是,阎锡山派人来晚了一步,徐向前早他一天时间,又重返南方,先到上海,后到武汉"第二黄埔"——中央军事政治学校武汉分校任职。这时,徐向前加入中国共产党,成为一名战将。用阎锡山赞赏的话说,是他们五台出了"大将军"。

若干年以后，山西抗战时期，一天，阎锡山约薄一波、赵藏文、梁化之谈话，忽然讲到，徐向前这样的人才，怎么走到共产党人一边了，不是"楚才晋用"，而是倒过来了，得人者昌，失人者亡。不胜感慨之至！

阎锡山对中国共产党联合抗日的主张，认为是中肯的。他在日本帝国主义向山西方向进攻前，南京召开的国防会议期间，讨论打还是不打的问题时，阎锡山对他的随员说："不打不行了！不打，共产党不答应！"

这时，以周恩来为首的中共代表团，来到山西，与阎锡山谈判八路军开赴抗日前线的事宜。

阎锡山非常重视与周恩来的会见。因为周恩来随身带着阎锡山的五台同乡、又是他的学生徐向前。徐向前在阎锡山的心目中印象是非常好的。阎锡山被蒋介石逼迫宣布下野的时候，正是蒋介石重兵"围剿"红军，而任鄂豫皖红四方面军总指挥的徐向前，指挥红军在反"围剿"作战中，连战皆捷，活捉了徐向前在国民军第二军时的上司（军长）岳维峻。后来又捉到国民党军第六十九师师长赵冠英。阎锡山深为自己的家乡五台出了这么个能打败蒋介石的大将军，拍手叫好。徐向前给五台人争了光！为此，阎锡山表示："什么时候，亲眼见见这位徐向前，和他攀谈攀谈。"

3年以后，徐向前和阎锡山果然在山西见面了。

周恩来偕徐向前抵达太原，第二天便乘汽车来岭口前线，会见阎锡山。

阎锡山见到周恩来和徐向前，表示热烈欢迎。阎锡山说："周先生的确是个大人才，国民党是没有这样的人才的！"对徐向前，阎锡山借此机会以五台乡亲直接交谈的方式说："我阎百川（阎锡山字百川）可不是个不通情理的人！你我五台老家是乡邻。这次回咱山西来得好，你回家去问问父老乡亲，有没有对不住他们的地方？我可不是蒋介石，你从国民第二军回来过家乡，他除了派人来你家问长说短，还提醒我注意你徐向前行踪吗！"

徐向前与阎锡山于岭口前线相会之后，又同周恩来一道回到太原。朱德、彭德怀这时都劝徐向前回家看看，也顺便做做晋中高级将领的统战工作。徐向前准备回家了，阎锡山得知徐向前要回永安村探亲，于是，准备给他一笔钱。但徐向前并没有接受；后来又派了部小汽车，由阎锡山绥署办公室上校参事陪同回家。当时，汽车路只能通至东冶镇。徐向前于东冶下车，同警卫人员步行回到了永安村老家。

徐向前回到久别的山西后，利用他和阎锡山、赵戴文的五台同乡关系，做了不少的工作。一次，山西同学会召开各界和群众大会，邀请周恩来、徐向前讲一讲有关抗日的问题，他们二位一讲就是几个小时，台下的群众始终不肯离去，于是，他们的演讲直到深夜。共产党的抗日主张，对山西抗战，起了十分积极的推动作用。

（乔希章）

"话不多，知识多，才学好"
——徐向前和于学忠

枪对枪、炮对炮的战场，徐向前不知经历了多少次！没有枪声、没有炮声的战斗，也常常摆在他的面前。在抗日战争的头几年，为要联合国民党军共同抗战，他多次会见国民党的军政要人，面对面和他们谈判。熟悉的人说："别看徐向前老总平日话语不多，到了谈判桌上，几句话会使对方哑口无言。"

这里讲的舌战，是他在山东和于学忠的一次谈判。

1939年夏天，徐向前奉党中央的指示，从冀南平原到了山东沂蒙山区。他的头衔是第十八集团军第一纵队司令员，人称"徐总司令"，统一指挥山东、苏北境内的八路军。沂蒙山区密林虽说不多，险峻的山峰却接接连连。有座抱犊崮，既险又奇，牛都上不去。传说，这山从前无名，山顶上有一片平地，农民要去耕种，就抱着只小小的牛犊，爬了5天才爬到了山顶。在山顶上把小牛犊养大以后，就在那里耕作，安下家。从那以后，山有了名——抱犊崮。徐向前的司令部，就设在抱犊崮东北一个山村。他每天早起散步，出了村庄，远远能看见那山。

沂蒙山区真是开展游击战争、建立抗日根据地的好地方啊！徐向前在这里，指挥八路军战斗着、发展着。可是，就在沂蒙山区，这时住着个"鲁苏战区总司令"于学忠，手下有几万军队。他虽有爱国心，指挥军队参加过台儿庄会战，不反对八路军抗日救国，却怕八路军发展壮大。他手下的人还有些顽固派，一心想把八路军挤出沂蒙山区。徐向前刚到山东，发出了就职通电，又接见了记者发表谈话，提出要大力发展人民抗日力量，要建立人民民主政权，于学忠和一些国民党的要人害怕起来。他们说：徐向前这个大共产党，可难对付啊！他从前在大别山领导红军，不到3年，就闹得天翻地覆，红军发展到几万人。后来他又到了四川的大巴山下，不到两年，红军发展到8万人。如今要让他在沂蒙山区站住脚，整个山东又是他的天下了。

于学忠和国民党在山东的头目们，挖空心思限制八路军。他们大肆宣传："一个领袖"——是蒋介石；"一个主义"——是三民主义；"一个政府"——是国民党政府。有些顽固派，还多次命令军队进攻八路军，侵犯八路军占领的地方。

按照党中央和毛泽东主席的指示，徐向前和国民党军"又联合又斗争"。为了反对国民党军的限制，宣传共产党的抗日主张，他决定亲自去会会于学忠。

"能去吗？"有人提出怀疑。

"国民党都是翻脸不认人啊！"警卫员担心，"太危险了！"

徐向前微笑着说："没什么！中国有句俗话，'不入虎穴，焉得虎子'！我看他的司令部还不是虎穴。去！"

"知己知彼，百战不殆。"这是中国古代军事家的话。徐向前熟读兵书，不但很熟悉自己的部队，同时很了解敌人、友军。对国民党军许多将领的历史，他们的习惯、性格，都摸得清。于学忠这个人，老家是山东蓬莱，清朝还是个秀才，算是个读书人。北洋军阀时期，他先在军阀吴佩孚手下当官，后来投奔东北军，到了张学良的手下。他当过东北军的师长、军长和临绥驻军司令。蒋介石多次派人暗中拉他，叫他脱离东北军，他都不干。1936年12月"西安事变"，张学良和杨虎城将军活捉了蒋介石，逼蒋介石抗战，东北军中的一些大官，都提心吊胆，怕得罪了蒋介石，于学忠却支持张少帅。西安事变在共产党的帮助调解下，和平解决了。张学良被骗到南京,从此被扣押起来。于学忠为忠于少帅,一直把少帅骑的一匹战马养着,自己不骑,也不许别人骑。

于学忠对蒋介石虽不"忠",对共产党却是冷眼相看。他领兵打过红军,大骂过共产党。抗战了,国民党与共产党合作了,他又信奉着他的人生哲学:"既不红,又不蓝,三条道路走中间!"

徐向前决心定了,要会会他,向他说明:第三条道路是走不通的,劝他与共产党、八路军真诚地合作抗日。于学忠也正要和山东的八路军领导人见面,讲讲他的主张。经过双方派人联络,会面的日子决定了。

大家都熟悉《三国演义》上的一个故事:关云长只带亲随十余人,去参加鲁肃的宴会,被说成"单刀赴会";徐向前去会于学忠,比关公还要大胆,他只带上两名警卫员和一名联络人员,乘马奔向"苏鲁战区总司令部"驻地。

这是沂水县东里店附近的一个山庄。方圆几十里全是于学忠的人马。一道道防线,一座座兵营,四面八方保卫着于总司令。他们如临大敌,摆出卫兵,设上岗哨,威风凛凛。表面上看,似乎是欢迎徐向前,实际上是先给他一个下马威。徐向前稳坐马上,直到司令部门前,才跳下马,旁若无人,大步走向前去。

于学忠虽是东北军赫赫有名的上将,却知道徐向前的威名。他很少出外亲自迎客,一听徐向前来了,连忙走出司令部,拱手笑迎。

两位总司令相见之后,一番寒暄拉开了舌战。谈话一开始,就互不相让,各讲各的主张。于学忠不愧是能文能武的老将,声音不高,却语气逼人。他态度虽然友好,却死死抱着"一个领袖"、"一个政府"的老调不变。他劝说徐向前:抗战就是抗战,八路军只抗战就行了,不应该去组织民众,更不应该去搞什么政权。徐向前稳坐抽烟,像是洗耳恭听。于学忠越说越来劲,一会儿笑,一会儿讲,话讲完了,看着一言不发的徐向前。他心中暗暗得意,把这位在山东的八路军最高将领说得无话可对、无言可答了。

"于司令,你带兵多年,可知道军队要吃饭吗?"徐向前突然问道。

"当然,当然,兵马未动,粮草先行。"于学忠说。但他心中纳闷儿,怎么提出这么个人人皆知的事情?

"你们的政府，一不给我们枪，二不给我们子弹，三不给我们一粒粮，我们八路军粮在哪里？草在哪里？"徐向前连发两句问话。

"这……"于学忠张口结舌，一时不知说什么好了。"敌人只谈抗战，不谈其他。"

"只谈抗战，不谈吃饭，怎么坚持这个抗战？"徐向前又问。

"吃饭，和你们要搞政权，有什么关系？政权是政治，不是粮草！"于学忠辩解着。

"不，我们没有地方政权，没有人民支持，就没有粮，没有草。"徐向前严正地说。

"你们也搞政权，我们的政府怎么办？"

"我不知道你们怎么办，我知道我们的军队饿着肚子不能打仗。"徐向前微笑着说，"三民主义，不是讲民主、民权、民生吗？国难当头，百姓有民主，有民权，又能自谋生路，这有何不好？"接着他慷慨陈词。语音不高，句句入理，毫无怒色，却句句逼人。

于学忠听着，不住地抽烟、喝茶，两条腿不知往哪儿放了，一会儿交叉，一会儿放下。两只手也不知如何动了，摸摸光光的脑袋，又摸摸他特意留下的有几分军威的小胡子。他这是头一次见徐向前，从前只知道徐向前能征善战，会用兵，会带兵，把他看成一位严肃的军事家，却没料到，共产党的军事将领，个个善于外交！

"你们抗日，就不必搞政权了！"于学忠理亏词穷，连着重复一句话，"不要搞政权了，不要搞了……"

"不，我们一定要搞，我们必须搞……"徐向前依然稳坐，一句一板，解释着，抗争着。他像在枪对枪的指挥作战的战场上，不给对方喘息的机会。

守在司令部门外的警卫员和联络人员，听不见两位总司令官会谈的内容，不知道会发生什么事，他们个个惴惴不安。担心徐总司令的安全，担心会发生什么事。

"我们能不能进去看看？"一个警卫员低声向联络官说。

"不，不要进去。"联络官低声说，"徐司令员交代过，不要轻举妄动。"

"会不会……"

"不会，不会。"联络官虽然这么说，心里却也焦急。

他们守在门外，等着，等着……

徐向前司令员微笑着走了出来。他仍是那副不急不慌的样子。在他的身后，走着国民党军鲁苏战区上将司令官。这位长官，不知是因为发福，还是不愉快，肥胖的脸红得发青。

在大门外，于学忠强作笑脸，和徐向前握手，说了声：

"不远送了！"

"留步，再见。"徐向前说着，翻身上马……

"再见"，当然是句客气话。从此以后，徐向前在山东一年多，再没有见那位于总司令长官。一来是，他每天忙于指挥作战，领导八路军发动群众，建立县村民主政权；二来是，他认为没有必要再见他了。徐向前在给毛泽东主席的电报中，给了于学忠这样两句评语："尚不坏，但思想太旧！"

传说，于学忠在那次会见之后，叹息说："徐向前这人，话不多，知识多，才学好，不好对付啊！"

（卞小奇）

"红军是剿不尽的"
——徐向前和岳维峻

俗话说：两座山不能碰到一块儿，两个人却会突然相遇。1931年春天，徐向前在大别山指挥红军打仗，碰到的对手，竟然是他的一位老上司岳维峻。

1929年6月，大别山百花盛开的时候，徐向前从上海党中央被派往这里。这时大别山的红军还很弱小，共有两个师。徐向前当了三十一师师长，手下才5个大队，400多人。他和党代表戴克敏，共同制定了红军游击战的七条原则，依靠"七条原则"，红军越战越强，越战越大，把敌人搞得昏头昏脑。

在不到一年的光景，徐向前指挥红军，先后粉碎了敌人三次"会剿"。1930年冬天，蒋介石亲自坐镇南昌，调动10万人马，向大别山红军大"围剿"，其中一路，就是徐向前的老上司岳维峻指挥的三十四师。

岳维峻生得肥头胖脑，看外相倒福气，行动坐轿子，骑马要马夫搀上搀下，只是他官运并不亨通。他做过冯玉祥的河南督办，1925年就当国民军第二军军长。论说，是个老资格了，蒋介石却不重用他，他总想找机会立个功。机会来了，蒋介石命令他率领全师人马，"围剿"大别山区的红军。岳维峻接到命令，带上两个旅、4个团、一个山炮营、两个迫击炮连，星夜从湖北省的孝感出发，马不停蹄，4天就赶到了广水县以西的双桥镇。

双桥镇四面环山，东边流着一条水，是红军和游击队常活动的地方。岳维峻歇兵扎营之后，看看地形，心里高兴又有些害怕起来。高兴的是，出征前他就夸下海口，不要5天定会占领双桥镇，现在仅仅4天，他的决心实现了；不安的是，这一带山多、游击队多，他这一师人马，是孤军入山，万一红军突然包围上来，他要孤军作战啊！

岳维峻在双桥镇住了3天，派出人四面侦察了一番，不见红军的主力部队，心里才安定下来。他正准备找红军决战，第4天天不亮，突然东西南北四面枪响，红军和游击队如天兵天将，不知从哪里打上来了。岳维峻从前只听说，红军打仗好突然袭击，却万万没想到，会这么突然。霎时，他的队伍纷纷溃退。打到天亮，双桥镇西南的尖鸡岗失守了，接着东南方向的小葵山，也被红军占领了。岳维峻在指挥所里，只听见四周喊声如雷，他走出双桥镇，拿望远镜四下一看，四周的山头上，满是挥着大刀、长矛的游击队。真是人山人海！

岳维峻在惊慌中，亲自指挥两个团，在大炮机枪掩护下，向外冲杀。越打，红军越多，越打，阵地越缩小。他连忙发电报呼叫飞机来助战。飞机来了，炸弹丢了几个，红军和游击队还是像洪水一般，从四面山坡滚滚奔流下来。

战斗到中午，红军一支部队冲进了双桥镇。岳维峻一看不妙，连忙叫马弁喊轿子，一个马夫已经自己骑上他的快马，逃之夭夭了。这位老资格的师长大人,事到如今悔恨已晚。他做梦都没想到,共产党领导的红军,是这么神奇!共产党领导下的老百姓,又这么心齐、不怕死!可他怕死,他还想活下去。他接过一个马弁递过来的一件蓝布长衫,罩住肥胖的身体,扔掉军帽,由最后一个忠实的马弁搀着,顺着一条山沟,跌跌撞撞往西跑,他一步一喘,满头大汗。跑了一阵,刚刚想坐下多喘几口气,红军、游击队喊声如雷,冲了上来……

岳维峻当了俘虏。他手下的6000多人,死伤1000多,5000多人做了红军的俘虏。4门山炮、十几门迫击炮、6000多支枪,都成了红军的战利品!

在双桥镇附近的一个茅草屋里,岳维峻像一头大象,坐卧不安。他一会儿坐,一会儿在地上走几步,一会儿拍着光亮的脑袋,羞愧难言。他怎么想也想不出,共产党的将领是些什么人。他们用兵比神还神;他们简直是飞毛腿!昨天侦察,红军还远在百里之外,今天,突然近在眼前了。仅仅7个小时,就这样把他一个师消灭了。他越想越恼,生怕被处死。他从门缝向外看,一个红军战士正端着枪站在门外。

"我要见高级指挥官!"岳维峻向门外叫。

门开了,红军战士堵住门,气愤地说:

"老实坐着,叫唤什么?"

"我要见高级指挥官!"岳维峻又叫。

"我们没有高官!老实坐着!"

岳维峻又饥又饿,向红军战士要水喝。红军战士把身上的水壶给他,闭上门。岳维峻喝了水,在茅草屋里打转转。他听说过,红军不杀俘虏,俘去的士兵,愿意当红军的收留,不愿意的,发给路费放回家。他可不是兵啊!红军决不会放他,现在唯一的办法是找到红军的高级指挥官,和他们谈判,只要答应放他一条命,他可以给红军钱,给红军东西。

"我要求见指挥官!"他又向外叫。

门外放哨的红军不理他,他又叫了两声。

门开了,红军战士晃晃带刺刀的枪,说:"你,你放老实!我们指挥官正忙,有了空,会审你的。你这反动派,为啥不早投降!"

岳维峻低头不吭。是啊,如果他早投降,一枪不打放下武器,就不会做囚犯了。

傍晚,茅屋里刚燃上灯,红军的一个指挥员匆匆走来了。他瘦高的个头,身穿灰大衣,佩一支小枪在皮带上,一双老布鞋,裤子上还补着块补丁。看押俘虏房的红军战士,一眼就认出了,他是徐向前,双桥镇战斗第一线的指挥官,便诉苦似的说:"俘虏叫了半天,要见高级指挥官。"

"什么高级、低级哟。"徐向前一笑,走进门去。

岳维峻抬头瞧瞧来人,蹲在地上,没起身。他以为又是个小官来审问他,不愿意搭理。从一被俘,他就承认了自己是三十四师师长岳维峻。

徐向前见屋里有条板凳,顺手一拉,在岳维峻对面坐下,又指指岳维峻身后的木凳,说:"坐,请坐下。"

岳维峻蹲着不动,等着问话。

"岳师长,认识我吗?"徐向前问他。

"不,不认识。"岳维峻手遮灯光,向徐向前上下打量着,"不认识。"

"你不认识我,我可认识你!"徐向前说。

"你是……"

"我早就认识你。"

岳维峻慢慢站起身,看着徐向前。他听说,共产党的红军中,有不少著名的人物,有的是黄埔军校出来的,有的是北伐军出来的。他从情况通报中还看到,大别山红军里,有曾中生、徐向前、陈赓几位名将,他们指挥红军,神出鬼没,闹得南京、武汉不得安宁。但是,眼前这位是谁呢?他怎么认识我?

"真不认识了?"徐向前又问。

"对不起,我确实记不得了。"岳维峻拍着光脑袋瓜。

"5年前,你在国民第二军当军长,属下有个第六混成旅,是吧?"

"是的。"

"我在第六混成旅当过参谋。"

岳维峻惊呆了,向徐向前看了又看,忙说:"啊,老同事,老同事……"

徐向前暗暗一笑,什么老同事,应该说是老上司了。

"你对我们红军作战,有何意见?"这是徐向前的习惯,每次捉到敌人的指挥官，总要"请教"一番，他要从敌人的角度听听反应，总结经验。

"惭愧，惭愧！"岳维峻低下头。

"我愿意听听你的意见嘛！"徐向前诚恳地说。

"战败之人，哪里还有意见哟！"

岳维峻此时似乎记起来了：5年前在河南，有一个从广东黄埔军校出来的小军官，分在他的国民第二军下属的第六混成旅，当了参谋。那时，他这个堂堂的军长，几乎没和这小军官说过话。他更没想到，5年后的今天，败在这个小参谋手下了。真是惭愧不及呀！

"蒙多多关照，多多关照！"岳维峻重复着一句话，"只要红军不杀我，我愿意答应你们提的一切条件。"

看起来，这位"老上司"，为了保存他的脑袋，要和老部下谈条件了。徐向前这会儿不是和他谈判的，他最后说了一句："你看清了，蒋介石要剿尽红军，红军是剿不尽的！"

"是，是的。"面对无情的历史，岳维峻这个老牌军阀，只有低头认输了。

（卞小奇）

夫妻、战友
——徐向前和黄杰

中国人常把"婚姻大事"挂在嘴边。然而在战争年代，革命家总把结婚这种"大事"，当成小事一桩。关于徐向前和黄杰结婚的情景，一位随徐向前多年的警卫员有这么一段记述：

"那天是个假日，我陪首长走到苏部长家，有4位女同志已先在那里，正和苏部长的爱人说话。后来，她们4人打扑克。苏部长的警卫员小王忽然问我知不知道首长今天来这里有什么事，我说不就是休息来玩玩呗！他哎呀一声：'你们首长今天是来结婚的呀！那位女同志是保育院的黄院长．'我赶紧给家里的同志打电话，叫他们快做准备。内心里直埋怨首长，这么大的事也不言一声。当我随着首长他们两人步行回到家时，见到大伙正在打扫屋子，首长笑着说了声：'嗨！小鬼！'"

这里说的"那天"，是1946年5月4日；"保育院的黄院长"，指的是黄杰。这一年徐向前45岁，黄杰36岁。他们都在延安。战争夺去了他们的青春年华；战乱，也使他和她失掉了爱情。

徐向前和黄杰说起来也是有缘分的。他们在武汉军校时，曾共同学习、战斗过。不过当时徐向前是军校的队长，黄杰只是刚刚参加革命的女小兵。黄杰真正知道徐向前的大名，那是30年代后，在上海党中央机关工作。这时，徐向前率领红四方面军（开始为红四军），把"围剿"鄂豫皖苏区的国民党打得落花流水。国民党的报纸上，经常出现徐向前的名字。

人生的路曲曲折折，徐向前和黄杰都不曾料到，他们从武汉军校分别，20年后又在延安相会，而且成为终生为伴的夫妻。

徐向前和黄杰结婚一个月，1946年6月26日，国民党军蒋介石开始了向中原解放区围攻。内战不可避免，这是徐向前已经料到的。他曾向毛泽东主席要求上前线，毛主席和中央军委领导人也说过想派徐向前去中原局工作，只因徐向前身体不好，怕他难以坚持前线繁重的军务，还是劝他暂留延安养病。战争的形势，越来越严峻，敌人从"全面进攻"，转为向山东和陕北的"重点进攻"。1946年11月18日，中共中央发出了《关于放弃延安的指示》。同时决定，将一部分机关、医院、保育院以及老弱病伤干部，先疏散到晋绥解放区。徐向前和黄杰任院长的保育院，都列为疏散之列。徐向前、徐特立、王明、郑位三等人一起转移，徐向前被中央指派为"小队长"。黄杰安排好保育院的转移，又成了徐向前的随同人员。他们乘坐一辆卡车从延安出发，一路上在飞机的轰炸扫射下，好不容易才到绥德。在这里，徐向前听到敌人占领了延安，再也按捺不住了，他向黄杰说："我想，还是应该去前线。"黄杰理解这位多年征战的丈夫的心情，觉得在这个时候，让他上前线，呼吸到战火硝烟的空气，会对他是莫大的安慰。她向徐向前说："好吧，我们一起上前线去！"当即向党中央写了报告，要求去太行前线。

党中央和毛泽东主席发来复电，批准徐向前的请示，不过在电文中说：先到太行地区休息，待健康状况允许，再到晋冀鲁豫军区任副司令员。

徐向前和黄杰在风雪中，每天坚持步行。这样既可抗寒，又锻炼了身体。徐向前只在实在走不动时，才骑骑马，坐坐担架。一路上经贺龙和陈赓等派部队护送，徐向前、黄杰和随从人员终于到了晋中。此后，徐向前抱病走上战场，黄杰留在后方工作。他们偶尔相见，多数日月，分散各地，只能从通信中叙说一番对战争胜利的渴望。

1947年年底解放晋西南战略要点运城后，接着发起临汾战役。这是一座被称为"攻不破的卧牛城"，传说李自成当年多次攻城不下，被射瞎一只眼，然后气得把盔甲挂在城外一棵树上撤兵而去，至今有个村庄还叫"挂甲屯"。攻打临汾前，徐向前见到了黄杰，向她说："这次出去，打不下临汾不回来！"黄杰理解丈夫的决心与信心，却担心他的身体，和徐向前开玩笑说："你可得胜利回来呀，不然孩儿就没爸爸了。"

在临汾前线，徐向前给黄杰写过几次信，在5月10日一封信中写着：

"攻下临汾指日可待，因敌人已伤亡惨重，弹药奇缺，再打一时已无兵可来。现我已打到城边，控制了外壕，只要再过几天，坑道成功，便可大功告成。我已数年不直接指挥打仗了，这一次出马就遇到一个硬核桃，而部队又多系新成立的，战斗经验不多，战斗力不很强，真是使人焦心，现真算熬过难关……离冶陶时积雪满地，现已麦穗如浪，时光虽快，而临汾将下，思之心将积然矣！"

临汾终于攻克，歼敌两万多人。徐向前接着又指挥发起晋中战役。仗越打越大，徐向前的身体却越来越差，这时黄杰才从后方机关，来到前线徐向前的身边。她见丈夫吃不下饭，睡不了觉，便想方设法，给他做点爱吃的。徐向前爱吃烤馒头片，只是咬起来困难，黄杰亲自把馒头切成饼干一样薄，烤好给他吃。她见徐向前坐卧都不好受，就和大家一块儿研究设计，找木匠做了个能卧能坐的躺椅。这样徐向前每天就坐躺着，看地图，指挥用兵，同前线指挥员一块儿开会。

黄杰虽不精通军事，却懂得军事指挥员的工作不能分心，不能受干扰。她知道，指挥员，特别是高级的指挥员，战前是紧张的时刻，分析判断敌情，下定决心，调动部队每一步都关系到战局的成败。因此，黄杰在徐向前部署战役时，从不去多一句嘴、问他一句话，她更不准子女和其他人员打扰他。战役发起后，尽管徐向前身体差，他要上前沿视察，她从不阻止。她力所能及地关心他的生活，还协助政治部的同志做被俘和起义将领家属的工作。

太原解放后，徐向前和黄杰移驻太原城里。这时山西省内流传着："打跑阎锡山，回来徐向前，山西人沾光，五台人更沾光。"一些徐向前的老乡、亲戚纷纷找上门来。徐向前铁面无私，命令部队：缴获的东西一律归公。亲戚、老乡来人找，一律请政府接待。一些亲戚在徐向前面前碰钉子，想方设法找"徐司令夫人"。黄杰和丈夫一样，"铁面无私"，好言相劝。徐向前的两位姐姐找来了，她们两人都有一个儿子，在抗战中跟徐向前参加了八路军，先后牺牲在战场上。如今家中生活有困难，希望徐向前这位"大官"弟弟，能给她们些钱物。徐向前向姐姐们说："东西都是公家的，我没有什么东西给你们，你们只能住几天，我吃什么你们吃什么。"招待、安慰两位姐姐，成了黄杰这位兄弟媳妇的一件难事。姐姐们流泪，黄杰劝；姐姐们哭穷，黄杰讲共产党人的本色。最后，两位姐姐高高兴兴空手回家了。

战场浴血，铁窗中的苦难，终于成了历史。新中国诞生了，新生活开始了。然而，徐向前却被病魔死死纠缠着。北京的开国大典他没能出席，留在青岛养病。黄杰日夜陪伴着他。

从1949年6月，徐向前和黄杰就来到青岛，身体刚一好转，徐向前听说青岛市委缺女干部，便对黄杰说："你还是去工作吧！"黄杰是想投入工作，可是这家谁管呢？病人怎么照顾呢？徐向前看出黄杰不放心，就笑着说："我们这些人有国才有家嘛！你应该去工作，总不能让你当家庭妇女啊！"黄杰从此投入新中国的纺织事业。直至1950年9月，徐向前和黄杰来到北京，这才算安下个家。

革命家有革命家的家风。徐向前和黄杰，还在青岛时，就明确向管理人员说:"市委招待所送的东西一律不准收,不买价钱高的食品,不铺张讲排场,处处事事,要想到我们是个穷国。一分钱都要用到建设上。"徐向前在战争年代使用的一个木头箱子,连油漆都没上过,从青岛又跟着他进了北京。

黄杰每天早出晚归,挤公共汽车去上班;孩子们有的步行、有的骑车去上学。他们住在东城区史家胡同是这样,搬到后海柳荫街,仍是这样。从20世纪50年代开始,直至他们古稀之年,都保持着普普通通劳动者的本色。会客室不铺地毯,房子旧了也不许刷新。一组60年代的沙发,横木断了,修理一番再坐,每顿粗茶淡饭,还保持着吃野菜的习惯。春天吃柳叶、榆树叶,常年吃自家种的马齿菜。记者好奇地问元帅:"徐帅,为什么吃野菜?"徐向前说:"野菜味道好哩,吃吃不会忘记过去!"在徐向前住室里,有他亲笔写下的话:"少事多步,少肉多菜,少欲多施⋯⋯"徐向前和黄杰,对子女要求严格,常常教育子女:"路要自己闯,不要靠当元帅的爸爸、当司长的妈妈铺路。"他们的子女,都是普通干部和医务工作者,没有一个靠父母爬上高位的。

正因为有徐向前的表率,才有徐门好家风;更因为有黄杰好"内当家",才有这样的家风。

共同的理想,亲密的战友,他们总是相互关心,互相分忧。在家庭生活中,更摆脱世俗观念,相依为命。徐向前的一个前妻留下个女儿,从孩童到读大学,都是在黄杰的抚育、关怀下成长。那女儿视"黄妈妈"比亲妈妈还亲。黄杰在战乱年代,丢失了一个儿子。新中国成立后,徐向前多方关心协助向海内外寻找。"文化大革命"后期,那孩子终于从海外归来,并且成为企业家。徐向前不顾外人怎么说,毅然和黄杰一样认下这个海外游子。周恩来总理为这件事,电话里和徐向前说:"徐帅,这样好嘛,对嘛,那是革命同志的后代啊!"

为人民解放军的现代化建设、新中国的繁荣富强,徐向前长期带病工作,黄杰勤勤恳恳奋斗在纺织工业战线上。怎么都没想到,"文化大革命"中,两位老革命家,也饱受折磨。1967年2月,徐向前和几位老同志,因反对江青一伙搞乱军队,被诬陷为"二月逆流"打冲锋的人。徐家被"造反派"连抄3次,北京和全国各地到处都贴着"打倒徐向前"的标语。

特别不能容忍的是，在党的八届十二中全会的简报上，竟无中生有，公开点名诬陷黄杰是"叛徒"。徐向前开会回到家，向黄杰说："我们结婚这么多年，彼此都了解，他们说你是'叛徒'，这到底是怎么回事呀！"

黄杰冷静地说："我绝不是什么'叛徒'，让组织去审查好啦。"

徐向前叹气说："唉！哪里去找组织嘛！现在是有些人说了算啊！"

黄杰心里明白，说她"叛徒"，一是有人陷害她，二是为了打倒徐向前。她对徐向前说："我在白区工作是被捕过，地下工作坐过牢的人，过去都当光荣，说是英雄，今天反说这个'叛徒'，那个'叛徒'，这完全是别有用心！"她越说越伤心，越想越难过，最后说："要不，我们离婚，免得你连我，我连你，说不清楚！"

徐向前说："不要激动啊！不要激动啊！"

考验是严峻的。徐向前一次次受批判，大会小会要他"作交代"，黄杰更是要"说清"找"证人"。然而他们冷静地面对一切指责。徐向前坚定地认为，他要稳定人民解放军是绝对正确的；黄杰的"证人"不必去找，周恩来同志等是最好的证人。在白区工作的年代，她就在周恩来领导下，直到进了北京，周总理见了还"小黄、小黄"地称呼她。在上海，她和聂荣臻、刘伯承、傅钟、朱瑞许多同志一块儿工作过，他们不少人还健在；至于她被捕过，入过敌人的监狱，出狱后找到党，那段历史早有明明白白的结论。

夫妻加战友，情深意浓。两位老人以共产党人奋斗不息的精神，共同走完了人生的旅程。

（张　麟）

"不以善小而不为，不以恶小而为之"
——徐向前和家人

对于大多数人来说，元帅府是威严、神圣，甚至是神秘的。

我有幸在徐向前元帅身边工作了25年。因此，总有人（特别是一些青年朋友）问起我：元帅的家庭生活是怎样的？元帅的住所陈设豪华吗？元帅生前是怎样待人的？元帅的子女及亲属处世如何？……

是的，像徐向前这样的伟人在他的家庭生活中同样会显现出其迷人的风采和高尚的品质。真实地反映徐帅日常生活，可以使人们，特别是青少年朋友感到老一辈革命家的品质和风范，从中受到启迪和教诲，这对社会无疑是有益的。

徐帅的家庭教育是很有特点的。首先是身教重于言教。徐帅要求家人、亲友做的，正是他一生为之追求、实践、奋斗的。他常说：我们这些人迟早是要离开人世的。如果不把后代教育好，千百万人的流血牺牲就会付之东流。"教育后人，必须从自身做起，如果连自己的子女、亲属都管教不好，造就革命事业的接班人岂不成了一句空话！"、"高级干部的家庭一定要为社会风气的好转起表率作用，否则党和政府的声誉会受到损害。"

一滴水、一滴油、一度电，对很多人来说，是微不足道的。但直到80年代，徐帅80岁高龄之后，他都对此予以关注。他常常提醒家人和工作人员关灯节电，节约用水。听说家中有的人洗澡时水龙头总是开着，他都提出批评。他平时很少外出，车子不能随便动用，更不能出车办私事。有时亲属患病送医院，用了公家车，他如数交费。

徐帅的妹妹是1937年参加革命的老干部，星期天来看他，也不派车接送。秘书过意不去，要求派车，徐帅说："亲属来往是私事，不能用公家的车。"前几天，妹妹已过80岁，双目失明，偶尔来看他，徐帅才同意派车接送，他给司机打招呼："绝不能忘了替我交费。"在学习方面徐帅是名副其实的严师。他教育子女从小要打好基础，学知识不能飘浮，要扎实，学一点，弄通一点，要一丝不苟，还要持之以恒。徐帅一生最喜欢的是书，工资除了家用，就是买书。只要从新书目录中看到他喜欢的书，他就叫人去买，五六十年代，他养病在家，经常独自上街到新华书店买书。每天除了工作和参加会议以外，剩下的时间，他总是手里拿着一本书。他读书特别专注，聚精会神，圈圈点点和做小批注。他对书也很爱护，自己动手包上封皮，书架上整理得整整齐齐，家有万余册书，他读过的书和整理过的书，他需要时，随手可拿来。他常说，年轻人要养成读书的好习

153

惯，要真正读进去。

他教育子女平时一定要养成克勤克俭的生活作风，所以他家的子女在穿衣、吃饭方面从不挑剔和讲排场，炊事员做什么吃什么，对做饭的大师傅也很恭敬。穿衣服与平民百姓无什么两样，直到现在改革开放的年代，人们生活水平提高了，穿着也开始讲究了，但徐帅家的子女依然穿着朴素平常的衣服。一次小女儿因有外事任务，本想修饰打扮一下，但因平时从没抹红搽粉的习惯，到时竟不知怎么打扮自己才好。

这些看起来似乎微不足道的生活小事，却从不为德高望重的徐帅所忽视。古人云：不为善小而不为，不为恶小而为之。徐帅正是这么做的，也是这样教育家人的。

徐帅是威严的元帅，也是慈祥的长者。我对徐帅的宽厚、热情、真诚感受颇深。但徐帅的慈祥却不是挂在脸上、露在嘴边。他看上去是平静甚至是严厉的，但接触过他的人，无不感受到他的至善至诚之心。寓爱于严教之中，就是徐帅家教的第三个特点。

几十年过去了，徐帅在自己的家庭教育中保持了这种寓爱于严的传统。他的最小的女儿，从小身体就不好，"文化大革命"中到内蒙生产建设兵团插队，她后来当兵学了医，在部队医院工作，在单位勤勤恳恳、乐于助人，给同志们留下了很好的印象。一位军报记者闻听后，打算写一篇报道进行宣传，但徐帅却加以制止。他指出：我的女儿和老百姓的女儿是一样的，绝不能搞特殊。如果说有特殊的话，只能是比其他人做得更好。如果就因为是首长的女儿，工作稍有成绩就宣传吹捧，那对孩子的成长是不利的。

徐帅的一个侄子远在东北哈尔滨空军航校工作，身患糖尿病，几次提出想调进北京，徐帅总是劝说不要给组织上添麻烦，安心本职工作。1974年，侄子的一个女儿想当兵，因为女兵名额少，一位领导开门见山地说："你快去北京，找你叔叔！"侄子为难地说："叔叔的脾气我知道，他不会批条子开后门的。"不几天侄子收到北京的妹妹的电报说：叔叔因病住院。于是他赶来北京探望徐帅。在病房叔侄谈话中，徐帅问这问那，问到家中孩子的情况，侄子把心里装着的事说了出来。徐帅说："不行啊！当兵本身是件好事，可走后门就成了坏事了！孩子要当兵按正常手续办，够条件就当,不够条件就不当。"侄子恳求徐帅说句话,让秘书打个电话就行。徐帅反问他:"平民百姓的孩子,没有人替他说话,怎么办?"侄子不敢再提了。他知道叔叔从来说一不二,他决定了的事,你再请求只能惹他生气。他虽然碰了钉子,但是也再一次领教了徐帅毫不徇私情的磊落作风,也自然理解了徐帅的深意。

二女儿是国家机关的一名主任工程师,一家3口人长期住着一间房子,别人看不过去时,主动让给她两间房子。这事被徐帅知道了,在饭桌上追问起来,直到女儿反复解释清楚没有打他的旗号,才算了事。劳苦功高的老帅,公与私这样泾渭分明,他用行动打破陈腐的世俗观念,传给后代的不是"万贯家财"和"安乐窝",而是共产主义的接力棒。

元帅是威严的,因为他要驾驭三军,元帅又是慈祥的,因为他"俯首甘为孺子牛"。

在徐帅的家中,有许多不成文的规定:

当孩子们刚一懂事时,徐帅就规定他们不许过问、介入首长的工作,不准看首长的文件。平时凡是秘书向首长汇报、请示工作和通知中央有关会议时,或者每天上午秘书给首长读文件时,孩子们都自觉退出首长办公室。徐帅看的各种文件和内部资料,不准子女翻阅。记得在"文化大革命"期间,元帅身处逆境,家庭3次被抄,孩子们感到疑惑不解,出于对徐帅的关心,孩子们向徐帅打听中央政治局会议和内部情况,却被徐帅制止。身受不公正的对待,依然遵守党的纪律,维护党的团结,这就是徐帅的党性修养。

徐帅作为党和国家领导人,按规定享受的待遇,他从不让子女亲属分享。他用的贵重保健药物,不准亲属使用;重要的参观和文艺演出,他不准子女"沾光";徐帅的专车从不让子女乘坐。侄儿千里迢迢从哈尔滨来京探望,身背两个大包袱,来去车站,都是乘公共汽车。

徐帅对社会上和党内存在的不正之风,深恶痛绝。他为自己的子女和身边的工作人员作出规定:要时刻以普通人自居,绝不允许利用关系走后门、搞特殊。子女的提拔调动由组织上考虑安排,不得托人情,搞"地下活动"。1980年,军队实行工资改革,干部定职定级,他要求工作人员不要搞特殊,要与机关干部统一衡量。自己的一名工作人员被机关定为副营级，他坚持只能定为正连级。党中央三令五申，禁止干部子女参与倒买倒卖的非法经营活动，徐帅规定自己的子女严格按此执行。徐帅认为，人民群众往往从党员的实际行动来认识党。党员的先锋模范作用是宣传党的路线方针政策最好的活教材。因此他大至党和国家的重大方针政策，小至具体规章制度都身体力行，决不"例外"和特殊。

部队每年发新交旧，他从不打半点折扣，旧军装能穿，他常常不领新的，说"为公家节省一点也好"。

徐帅担任国防部长以后，来往客人增多，服务处的同志知道他不抽烟，就送来香烟作为待客用。一次，徐帅送走客人后，发现过滤嘴中华烟，听说是公家送来的，当即批评说："客人来我家里，当然应该自己买烟招待，怎么能用公家的呢？"

当自己的孩子们长大成人，有的已步入领导岗位以后，徐帅又要求他们时刻把群众、下级、士兵的冷暖放在心上，他给孩子们讲了汉代名将霍去病与士兵有酒共饮的故事：霍去病率兵出塞，大胜匈奴，汉武帝从长安给他送去两坛美酒，以慰战功。霍将军却不独享，他下令把酒倒进河里，让士兵都能喝到带酒香的河水。末了，徐帅感慨地说："古代贤人都懂得关心群众，关心士兵，不独享功劳，不推卸错误。我们共产党人，不是应该比古人做得更好吗？"

一次在和徐帅闲谈聊天时，徐帅和我说起了其祖宗立下的训条，说的是他的四世祖兄弟三人，名徐文厚、徐文达、徐文源。徐文源襁褓丧母，全靠两个哥哥抚养。哥哥种地的时候把他抱到田里去，有时背着他耕地。徐文源长大之后，对哥哥们的养育之恩铭心刻骨，并立下训词，教育子孙效法祖宗，兄弟姐妹之间相亲相爱，和睦相处。谁不按这训条去做，要遭到老天爷的惩罚。这训词一代一代往下传，从未废止，一直传到徐向前。徐帅回忆说，他小时候最先背下来的文字，就是这家训：

"襁褓失母，兄文厚、文达祖负抱而耕。文源祖以报恩，誓其子孙焉：布谷催耕，兄泪盈盈，有弟无母，无母孰哺？负我未耗，抱我弱弟，以适于南亩。苗既硕，弟何小，兄也顾之，劳心草草。弟既长，兄已老，弟也事之，私心未了。滹沱浩浩，潭水一掬，决潭益沱，毋乃不足，曰予世世子孙，唯兄之子孙，是亲是睦，敢或侮之，神其不福。"

徐帅是否曾把这古老的家训说与其后人，我不得而知。但可以肯定的是，这祖传的家训对徐帅的为人确有影响。

听过老帅讲的关于其家训的故事，我就想，徐帅会不会也为其子女立下新的家训呢？

1990年6月27日，徐帅因病住进了解放军总医院。入院后，病情经过几次反复，到8月上旬，基本得到控制，大家的心情也稳定下来。8月5日，徐帅的儿子、女儿、儿媳、女婿都来看他，老帅看到家人都到齐了，躺在病床上神情庄重而又严肃地对孩子们说："我说不了多少话，我要说的是，我死后一不搞遗体告别，二不开追悼会，三把骨灰撒在大别山、大巴山、河西走廊、太行山。这就是我留给你们的遗言。你们要永远跟党走，贯彻党的路线，言行一致，说到做到。现在党风不正，有些人光说不做。"

在场的人听着这生离死别的叮嘱，无不潸然泪落。孩子们强忍悲痛，坚定地向徐帅表示："爸爸您不要说了，您说的话，我们记住了。"守在老帅身边的工作人员也都把这震颤人心的遗嘱牢牢记在心里。

老帅对孩子们讲过那些话以后，病情急剧恶化，再也没有说什么。这就是家训，是徐帅留给后人新的家训。这家训所及已远远超出了元帅府的围墙。

（郭春福）

"我是来工作的，不是来看戏的"
——徐向前和柯道夫

新中国成立后，人民解放军进行了大规模的剿匪斗争，相继解放了舟山群岛、万山群岛。国内战争基本结束，正规化、现代化的军队建设与新的军兵种组建工作开始；而在朝鲜战场上，大战方酣。在这样的形势下，中央决定，根据《中苏友好同盟互助条约》，准备向苏联购买一部分步兵常规武器装备，同时商请苏联政府给予某些技术转让，以及帮助中国建设新的兵工厂，并使新工厂能及时投入生产。经与苏联政府交涉，双方达成协议，由中国派出代表团，前往苏联进行谈判。徐向前是政务委员，又是总参谋长，并且在国防兵工建设方面提出过很好的建议。因此，中央在研究赴苏谈判代表团团长提名时，首先就想到了他。只是对他的身体状况是否适宜还有所顾虑。为此，朱德征询过医生的意见。医务人员作了慎重研究，认为徐向前的身体比以前好多了，出国一趟是可以的。

春天，给万物以活力，也给徐向前的身体带来了生机。天气转暖，他的气色就好多了，体力也强壮了许多。大家都期望他早日康复，一个新的使命正在等着他。

徐向前这一次出访，是毛泽东亲自安排的。那是"五一"节之后的一个夜晚，徐向前和夫人黄杰正在庭院里散步，忽然，中央办公厅通知，毛泽东主席约见徐向前。毛主席深夜约见，定有要事。徐向前急忙驱车前往中南海。

毛主席正在办公室和统战部长李维汉谈工作。见徐向前到来，中断了谈话，迎到客厅门口，一边招呼他坐下，一边亲切地说："近来身体好一些吗？我看气色比上回好一些喽！"

徐向前回答说："天气一暖和，就好多了。我感到可以工作啦。"

毛主席微笑着说："那你就作一次长途旅行吧，跑得远一点，坐趟火车去莫斯科。好像你还没有出过国吧。以前我也没有出过国，前年底去莫斯科住了两月，还是头一回哩，那是冬天，很冷，现在已经立夏，你去身体不要紧吧？"

徐向前说："没有问题，请主席放心，交给我的任务，一定努力完成。"

毛主席讲了中共中央的决定和意图，要徐向前去苏联谈判：一是购买武器装备；二是多搞点技术项目，发展自己的兵工厂。并说代表团人员组成及具体方案，由政务院负责组织准备，具体细节问题，他们会向徐向前汇报的。

毛主席习惯夜晚工作，看样子还有许多事，工作很忙，徐向前不便过多地打扰，领受了任务，就匆匆告辞了。

6月4日上午10时，徐向前一行抵达莫斯科，受到苏军总参谋长什捷缅科大将的热烈欢迎。

下午，徐向前率领的代表团到苏军总参谋部，向苏方说明代表团的任务，商讨工作日程。苏方对此次谈判十分重视，组成了以什捷缅科大将为首，包括副总参谋长马兰舍等人的代表团。什捷缅科说：斯大林给苏军总参谋部的任务，是要帮助中国把军队建设好。并说，这个任务，主要由他负责。

什捷缅科身材魁梧，标准的军人风度。卫国战争后期，他主持苏军总参谋部，参与了重大战役计划的制订，以办事干练、效率高，受到斯大林的赞赏和器重。

双方代表团经过三天紧张、友好的协商，拟定了七项工作程序，具体项目由双方代表团的专家们磋商，重大事项举行高一级的谈判。

双方总参谋长一级的谈判，举行了三次。徐向前及时将情况电告中央，并根据苏方的意见，提出通盘考虑购置装备等问题。6月下旬，中共中央派高岗赴莫斯科，带去了装备订货单，由徐向前转交苏方。

整个谈判期间，徐向前坚持友好方针，以大局为重。代表团成员中，有人对苏方代表团迟迟不答复中方要求有意见，徐向前对代表团成员们说：“人家也有人家的困难，我们所提要求，也有过高过急的地方，也有不切实际之处，对人家的困难应该体谅。”对苏方个别人的傲慢行为，也进行了有理有节的斗争。

在谈判中，有的人表现出大国主义态度。有一次谈判，什捷缅科对中国代表团一位成员的回答不满意而当面出言不逊。徐向前团长十分生气。回到住地，就把苏方人员柯道夫找来，严厉指责了对方的无礼行为，让他回去向上级转达。柯道夫几乎天天晚上来邀请中国代表团看戏，徐向前不无讽刺意味地对他说：“我是来工作的，不是来看戏的！”柯道夫也没有办法，只好当"和事佬"。

徐向前事前没有想到，谈判会变成马拉松式的。代表团有些同志产生了急躁情绪，徐向前耐心地做工作，要大家从人家的困难着想，遵照毛泽东电报指示"不管怎样，耐心等待，要把技术学到手"。

在国外时间久了，徐向前对油腻多的俄式大菜颇不适应，很想吃点野菜又不好弄。大使馆的同志从闲谈中知道后，特意从大使馆拿来国内供应的大葱，但没有向厨房交代清楚怎样做法，光说是洗净生吃就可以了，而莫斯科大旅馆里的高级俄菜师傅，从未摆弄过大葱，结果端上桌的是洗得干干净净的一盘盘碧绿的葱叶。大葱没有吃成，倒是增加了饭后的笑料，而俄菜大师傅大约也感到纳闷儿：中国大使馆的武官，为何拿这种中国客人并不喜欢的中国菜来招待自己的同胞？

10月中旬，中苏双方代表团达成协议：60个师的订货，除1951年运交10个师的外，其余50个师的，计划从1952年起，分34个月全部运完；苏方派出的兵工专家小组，于10月下旬来中国考察。

至此，徐向前率领的中国兵工代表团，圆满地完成了中共中央交给的任务。双方代表团签署的各项协议，为中国人民解放军的正规化建设奠定了初步基础。

（李俊荪）

编 后 记

20世纪的中国是一个风云际会、英雄辈出的伟大变革时代。伟大的时代造就出灿若群星的历史伟人。人民军队中功勋卓著的徐向前元帅就是这些伟人中的一个。

作为人民军队中的一代伟人、著名战将,他一生中同党内外、国内外、军内外各种人士有着十分广泛的交往,有的是在硝烟弥漫的战争年代,有的是在轰轰烈烈的社会主义革命和社会主义建设时期,有的是在变幻莫测的外交场合,有的是在蒙冤受屈的荒唐岁月,有的是在工作中,有的是在生活中。几十年来,曾经同他有过交往的同志和人士,撰写了大量的回忆书籍和文章,叙述昔日交往中的逸闻、趣事。本系列丛书就是从这些大量的书籍或文章中精选精编成册的。此外,还有相当一部分文章是新约写或由编者撰写的。

在编选过程中,我们在尽可能地保留文章原有风格的前提下,根据本书的整体需要,对所有的文章作了必要和程度不同的节录、删改、改编,对有明显文字、观点和史实性错误之处作了修订。文章的标题绝大部分是编者拟定的。